Рассказы не о любви

Рассказы не о любви

© Bibliotech Press, 2022

ISBN: 978-1-636-37-9074-0

Нина Берберова

Рассказы не о любви

© Bibliotech Press, 2022

ISNB: 978-1-63637-907-4

СОДЕРЖАНИЕ

СОДЕРЖАНИЕ

ТЕ ЖЕ, БЕЗ КОНСТАНТИНА ИВАНОВИЧА

Что было бы, — иногда думала Наталья Петровна, — если бы кто-нибудь захотел изобразить в театральной пьесе всю их жизнь? Тема, конечно, не для пьесы, скорее для романа, а все-таки... Пригляделся бы человек к ней и остальным, и написал бы комедию в трех действиях. Поставили бы эту комедию, и она, вместе со всеми, как всегда вместе, отправилась бы в театр. Пришли. Сели. Программа. Боже мой, сколько действующих лиц! Не стоит читать, все равно не запомнишь.

Прежде всего — она сама, Наталья Петровна, ничем не замечательная женщина; потом мать ее, потом ее дети — Володя и Люба, потом — дядя и тетя мужа ее, Константина Ивановича, он больше за сценой; за ними следует сын Константина Ивановича от первого брака, Мишка. Ему 16 лет. Но довольно, довольно! Вот уже постучали за сценой и поднимается занавес.

— А сам Константин Иванович где же? — шепчет кто-то в темноте, протирая бинокль. — Сам-то? Отчего его нет?

Впрочем, в театральной афише он непременно значился бы, потому что по ходу действия он, в конце концов, должен будет появиться. Но вот в жизни Натальи Петровны и остальных его не было уже давно. Константин Иванович ушел, громко, не допуская возражений заявив, что жить с семейством для него — удушье.

«И он, конечно, был прав, — рассуждала Наталья Петровна, — есть что-то смешное в том, что мы все всемером ходим в гости, в лавки, в кино. И если заболевает бабушка, никому в голову не придет уйти к себе, почитать или заняться чем-нибудь, — все тут и сидят, и всё делают сообща, и так этим счастливы, что другой жизни и не хотят. Летом едут сперва на

1

дачу — для бабушки и дяди, потом в горы, потому что тетя любит смотреть на горы, потом к морю — для детей. И в пансионах они занимают три смежных комнаты, все время ходят друг к другу, совещаются о каждой пуговице, уславливаются о том, кто где кого будет ждать, учиняют во всех углах одинаковый беспорядок, так что прислуга уже на следующий день перестает понимать, кто кому как приходится и кто где спит.

А у Константина Ивановича была духовная жизнь и все это ему мешало.

Он ушел в плохое время — лет шесть тому назад. В горы тогда не ездили. Любе было всего два года, Володе — пять. Все остальные конечно работали. Даже Мишка, едва грамотный, разносил пирожки в бакалейной торговле Козлобабина. Бабушка вязала, тетя клеила, дядя красил... Наталья Петровна сейчас уже не помнит, что именно она делала тогда, слишком много она всего переделала и перепробовала за эти годы. Константин Иванович однажды сказал:

— Удушье. Другому был бы рай, но, Наташа, ты понимаешь меня. Разве я могу так жить? Я — сама мысль. Мысль иногда касается бога. Не церковного бога, не вашего бога. Моего собственного бога.

Она посмотрела на него внимательно, с большой любовью.

— Да, — сказала она, — тебе должно быть тяжело все это. Ты человек замечательный, Костя. Денег тоже маловато. Писать свою книгу ты мог бы в столовой, по утрам. Там тихо.

Он горько усмехнулся.

— Ты думаешь: писать, это писать? Нет, это еще и жить, и думать, и говорить.

— Думать ты тоже можешь в столовой, туда никто не будет входить. А говорить... Разве я что-нибудь имею против твоих знакомых?

2

«Знакомых» у Константина Ивановича было три особы женского пола: две пожилые и одна молодая. Молодая была дурнушка и сильно припадала на левую ногу. Со всеми тремя Наталье Петровне было скучно, да и не только ей, но и всем остальным.

— Писать? — опять усмехнулся Константин Иванович, — разве я писатель? Разве я только писатель?

Наталья Петровна забеспокоилась: кто же он? Она и не знает! Философ? Проповедник? Но побоялась спросить.

И он уехал, не оставив адреса. «Куда? — кипел дядя. — На детей-то давать будешь? Не оценил Наташу, прохвост! Неужели из-за мироносицы хромой?»

Бабушка молча смотрела, как он выносил свои книги, тетя тихо плакала. Вечером, в отсутствие Натальи Петровны, всплакнули все трое.

На детей он не давал, и по ним не скучал. Следы его вскоре потерялись в Англии. Потом дошли слухи, что он живет в одном маленьком провинциальном городе, где-то в Шотландии, что он получил какую-то субсидию или стипендию, и его окружают почитатели.

«Ну вот, значит он поступил вполне правильно, — рассуждала про себя Наташа. — Если бы он остался, ему пожалуй пришлось бы тоже что-нибудь клеить...»

Прошло четыре года, и внезапно упали на них эти деньги. Собственно, упали они на бабушку, бабушка была из Литвы. Таким образом, дяди, тети и Мишки они, например, вовсе не касались. Но как все они зажили, как зажили! Весело, сытно, дружно. Наташа даже написала кому-то в Англию: разыщите Константина Ивановича, хочу послать ему немножко денег. И его нашли, и ему послали.

Он ответил, примерно, так:

3

«Денег твоих себе взять не могу. Жертвую их на наше дело. Давно перестал думать о себе, нашел Истину там, где искал».

После этого его выбрали где-то там председателем, и повезли в Америку, как если бы он был баритоном.

«Он был прав, он был тысячу раз прав, — повторяла Наташа (а дети учились, бабушка старела, дядя и тетя тоже подались немного за это время). — Во первых, Константин Иванович не выдержал бы нашей бедной жизни, ведь он — сама мысль, а мысль, это нечто вроде бабочки: тронешь грубой рукой и все испортил, Жизнь четыре года была очень трудная, невероятным кажется сейчас, как это они всемером друг друга из нее вытянули. Во-вторых — если бы даже он выдержал эти испытания, кто бы сейчас его знал, кто бы слушал и приглашал в Америку? И разве мог бы он так проявить себя, водить за собой уже не трех, а сотню или даже две сотни послушных женщин, найти истину, говорить, писать? Разве можно себе представить, чтобы он ходил с ними — с детьми и бабушкой — из года в год к заутрени, стоял бы, как все, смиренно и молча в углу; или на ярмарку, толпой, как пошли вчера, и Люба, и Володя, и Гришка, и все вообще действующие лица этой пьесы? Нет, у него была своя собственная петлистая дорога славы. Наташа положила руку Мишке на плечо, и сказала:

— Ты — старший, и я прошу тебя сидеть смирно и слушать внимательно. Мы сегодня пойдем слушать папу. Помни, что папа будет говорить не пустяки какие-нибудь, о которых мы с утра до вечера болтаем, а это будет его лекция, его проповедь. Он в первый раз будет говорить в Париже.

— Сегодня — играем, завтра — уезжаем, — отреагировал Мишка, а Люба и Володя прыснули.

— Ну как можно так! Это так про цирк говорят. Ты пойми, он для многих просто почти что пророк, ну не пророк конечно... Я не знаю... Ты уважай.

Она говорила, — а дети слушали. А вечером отправились

смотреть Константина Ивановича, всемером, непременно всемером, как ходили всегда. Интересно было узнать, на что Константин Иванович их променял.

«Да, мы его не ценили», — думала Наташа, рассаживая детей, усаживаясь сама, в холодном, скучном зале, где сидело несколько десятков одиноких людей. На крашеном столе, там, впереди, стоял графин. Воды в нем не было. У входа Наташа купила листик, напечатанный по-английски. Это была одна из речей Константина Ивановича, произнесенная недавно в Канаде. Наташа по-английски не знала.

«Да, не ценили. Живем суетно, дурно, ни о чем таком не думаем. А он все оставил, жизнь свою посвятил высокому и прекрасному. Освободился от низменных наших дел».

Из маленькой двери, в переднем углу зала, вышло существо женского пола, из тех, кого когда-то называли салопницами. Дядя толкнул Наташу локтем и задергал бровями. Женщина, согнувшись в пояснице и поджав губы, подошла к столу, положила на него тетрадку и подвинула стул. Дядя сильнее задергал бровями и, наклонившись, зашептал:

— Горбатенькая и то лучше была, и то лучше была!

Наташа покраснела.

Кто-то кашлянул. Опять скрипнула дверь и в залу вошел Константин Иванович.

Положительно Наташа не думала, что за несколько лет человек может так измениться. Ее поразил цвет его лица: оно было совершенно розовое, круглое, бритое, оно все налилось, стало гладким и как бы всем довольным. Видно было, что человек с таким лицом, уже никогда ни в чем не сомневается. Вбегая небольшими шажками, Константин Иванович кланялся направо и налево. Раздались два-три хлопка.

Присев на кончик стула, он ударил толстенькой ладошкой

5

по тетрадке, поморгал светлыми, лишенными какой-либо тени глазами и внимательно посмотрел на графин, в котором не было ничего.

— Милостивые государыни и милостивые государи, — сказал он, с живостью заглянув в тетрадку, — я очень счастлив...

Редкие мужчины, подняв воротники и сунув руки в карманы, слушали, усталые от забот и трудов, женщины, которых было гораздо больше, смотрели на Константина Ивановича доверчиво и печально. Наташа неподвижно сидела и слушала: «Усики сбрил, волосиков стало меньше, обручального кольца нет, — зорко отмечала она. — Что он говорит? Он сказал: я счастлив. Я так и думала: он счастлив. Ах боже мой, я совершенно не слежу».

Он говорил, как говорят люди вовсе не интересующиеся, слушают их или нет, и кто слушает, и сколько перед ними народу. Будто журча вертелось какое-то колесо. Иногда он плавно поднимал левую руку и потом плавно ее опускал, и не раз пристально взглядывал на графин, конечно его не видя, но можно было думать, что он оттуда-то и берет самую существенную суть своей речи, самую ее основную правду.

Он говорил ровно час и десять минут. Многие из произнесенных им слов были записаны в тетрадке с большой буквы. Он делал плавные круги, как ястреб, вокруг какого-то священного текста, защищаясь Экклезиастом. Когда он умолк и встал, слушатели зааплодировали. Он стал кланяться долго, усердно, кое-кто в зале уже поднялся, уже Люба спросила бабушку, не пойдут ли теперь домой. Он все кланялся. Потом пошел, пятясь, к двери. И опять к столику подошла, как тень, согнутая женщина и унесла его тетрадку, прихватив почему-то и графин.

Всемером, теряя и ловя друг друга, они пошли к выходу. Володе и Мишке необходимо было как можно скорее глотнуть чистого воздуху — обоим было почему-то не совсем ловко (с непривычки, что ли?), и они ушли вперед, изредка оборачиваясь на Любу, которая висла на бабушкином рукаве. Ей откровенно хотелось спать, и она не слушала, о чем ведут разговор две старухи поверх ее красного капора.

Наталья Петровна с дядей шли позади всех. Она чувствовала, что дядя сейчас перестанет сдерживаться и начнет судить своим простым человеческим судом Константина Ивановича, будет называть его «карикатурой» и «шарлатаном». Ей очень хотелось избежать этого. На всякий случай она мысленно готовилась к защите: если не будет таких людей, как Костичка, вселенная покроется плесенью, останется одна кастрюля для варки борща, да лохань с мыльной пеной.

А разве есть какая-нибудь мысль или красота в борще или мыльной пене? Об этом, дядя, вы же спорить не будете! Ведь вы человек интеллигентный... Костичка, по-моему, даже каким-то светом светиться стал... Ну не буду, не буду...

1931

ПОЭМА В ПРОЗЕ

М.В. Лобужинскому

Под окном работали на ветру.

Смуглый рабочий в пестрой рубашке и вельветовых брюках выносил из придорожной кучи на широкой лопате щебень; жилы на его руках наливались, до черных локтей были подвернуты рваные рукава. Он подходил к неглубокой, неровной выбоине прохудившейся дороги, с бисерным звуком ссыпал в нее щебень, сравнивал, загонял разбегавшиеся голыши с дороги в яму и хлестал из ведра, мутной водой на эти сухие, хрусткие камешки. Потом он издавал беззаботный крик, и машина начинала работать.

В ней стучал молот, пар выходил из черной, фантастической формы трубы; рабочий постарше, тоже смуглый, но грязнее первого, озабоченно выгибался из переднего окошка, огромное колесо медленно поворачивалось, двигалась передаточная колесная цепь, — не то танк, не то трактор сходил с места. Он шел широким своим боком прямо на выбоину, засыпанную щебнем до краев и даже немного выше, шел твердо скрипя, уплощая на своем пути всё, что попадалось: голыш, ветку, навозного жука, делая из всего сухое темное пятно. С усилием мертвой тяжести, подвигнутой на ужасное дело, смердя теплом, машина доходила, наконец, до указанного места, въезжала на щебень, облитый водой (малый с ведром стоял поодаль), широченным, ржавым, многопудовым колесом раздробляя давя острые камни. Она проезжала дальше, возвращалась задним ходом, опять скрипела яма, опять глотала она тяжелую струю, пущенную из ведра, и опять колесо покрывало ее, взад и вперед катаясь, убивая дорогу, и все более плоской и плотной становилась поверхность

8

цементирующего самого себя щебня. Потом прекращался стук молота, наступала тишина, летел ветер и бился в деревьях и улицах, и первый рабочий, заломив фуражку, шел с лопатой к следующей выбоине, а второй, с проседью, с отрубленным пальцем, закуривал цыгарку.

Ветер рвался и бился в редких деревьях и сушил соседское розово-голубое белье. Он налетал широкой стеной, срывая сухие, словно перетлевшие не каминных угольках листья; много их было сметено в пышную мертвую кучу у забора, некоторые налипли на белье, другие еще летали по воздуху вместе с пылью. И только на том клене, что стоял у самого нашего дома, один единственный лист, хитро свернувшись, собирался уцелеть. Источенный дождями, съеденный воздухом, он дрожал, и жил, дрожа.

Ветер старался всех замести в кучу, но и в этой куче он не оставлял их в покое, он ворошил их, тасовал их между собой и опять метал, как оголтелый банкомет, метал забору, дому и воротам, словно эти три игрока, смертельно проскучав столько месяцев, наконец нашли себе разлюбезное дело. По широким мелким лужам ветер чертил запись этой игры, мутя воду, но до вечера так ничего путного и не написал на ней: она вздрагивала, черная, со слюдяным отливом краев, черная под белым небом, ничего не желавшая отражать.

Тот единственный продолжал еще жить и дрожал, трепеща от всего: от моего взгляда и мысли о нем, от криков рабочего на дороге, от скрипа широкого колеса, крошившего камни, превращавшего их в вязкую кашу, застывавшую за ночь в цемент.

— Еще раз, — кричал младший, заметив один какой-нибудь нераздавленный, не слившийся с остальными голыш, еще сохранивший свою острую, сухую форму и торчавший на погибель проезжей автомобильной шине, на неожиданный подскок таратайки старьевщика. И тогда для него одного устремлялся к выбоине танк-трактор, ради него одного разводила машина пары, стучал молот, наваливалось тяжелое колесо. И вот уже все оказывалось в порядке.

Пропыленный осенней пылью лист все дрожал.

Я заметил его утром, когда встал, вставал же я довольно поздно. Хозяйка приносила мне кофе и две рогульки, испеченные дома, всегда мягкие и чуть сыроватые внутри. Я спускал на ковер одну ногу и задумывался; печка хлопотливо, суматошно вытягивала в щель заслонки холодный комнатный воздух, возвращая вместо него нежную, зыбкую теплоту разомлевшего зеленого кафеля. Со спущенной ногой я оставался лежать, пока мне не приходило на ум подобрать ее обратно под одеяло. А тут являлась какая-нибудь неотложная мысль, в которую я погружался по шею; а тут искрой проплывало в крови какое-то воспоминание, которое заманивало на бесцельное, мутное скольжение по прошедшему. Подо мной раздавались детские голоса, это возвращались из школы хозяйские девочки. Я откидывал одеяло, упирался локтем в подушку, и, наконец, вылезал на свет божий. Огонь трещал и ярился, я приоткрывал печь, и тогда все стихало, разом разливался багровый жар, цепенел густеющий малиновый огонь. Я шел к окну, накинув халат, смотрел на погоду и забывал о ней, на полчаса застыв в неподвижности, пока не ломило ноги от стояния, и не начинало подозрительно потрескивать жарко нагретое посреди комнаты кресло. Я отходил от окна, постель оказывалась уже убранной, и ветчина с горошком принесенной. Раскрыв газетный лист, я застывал на долгое время. Первая капля сумерек, растворяющаяся в комнате без остатка, напоминала мне о жизни. Вторая капля, оседающая обычно где-то в обоях, заставляла подняться, пойти за ширмы, к умывальнику. И как только я начинал возню с водой, мылом, щетками, пропитываясь запахом мяты и гвоздики, так за моей спиной, уже кто-то торопился поворошить дрова, собрать тарелки, вынести мои окурки. Через час я выходил на прогулку. Если шел дождь — я скучал.

Когда я скучаю, я чувствую, что побежден временем. Секунды на часах шуршат, как большие стрекозы. У них перепончатые крылья, чуть вогнутые и мутные, с толстыми, как на кленовых листьях, силами, маленькие головы и мохнатые лапки. Они шуршат вокруг меня, и я забываю, что звук исходит из хозяйских часов, стоящих на камине, вделанных в кусок красного гранита. Каждые полчаса часы негромко болезненно бьют, разгоняя на короткое время немолчное шуршание, а затем оно появляется вновь. И я знаю, что оно не может кончиться, что пока я буду жив, будет и время — стрелка спустится по циферблату, и стрелка поднимется, и повторит этот путь без конца и счета, календарные листы облетят, дни сольются в памяти прочной бесцветной массой, и ни один из них не смогу я выделить, оживить, заставить повториться снова, вынуть из этого цемента прошлого.

Когда я иду гулять, в длинном теплом пальто и толстых башмаках, которые так прочны, что вот уже больше десяти лет я никак не могу сносить их (это оттого, что я мало выхожу, а вещи все — дорогие и хорошие), — когда я иду гулять по мертвой улице парижского пригорода, вспоминая Мопассана, писателя, которого я люблю за то, что он мне по зубам, вспоминая прирезанных старух, золотушных чиновников и другие милые его эффекты, у меня одна цель: обозреть окрестность. Не потому что меня интересует, как истого провинциала, не расцвел ли фикус на окне известного в квартале голубого дома (где живет старая актерка с большим зобом, про которую дочки моей хозяйки говорят, что она в нем носит недоеденную пищу, а ночью, потихоньку от всех, съедает ее), или мне непременно хочется раскланяться с аптекарем, который косит на прохожих диким, запуганным глазом из-за деревянной перегородки окна, все время делая что-то невидное грязноватыми, волосатыми руками. Просто я давно уже придумал себе дело: наблюдать за тем, что поставлено, положено или брошено вокруг меня. Это наводит меня на занятные мысли, которые вместе с ленью и составляют мою основную сущность.

Я возвращался домой в густом, сине-алом сумраке. Рабочие уже давно не работали у моего дома; танк-трактор стоял холодный и влажный от вечерней осенней росы, а в выбоинах дороги, утолоченных за день, происходило томление камней, невидная, неслышная спайка их в один вечный камень. В свете, падавшем из окна хозяйской столовой, я старался разглядеть прижатый к ветке, окончательно выбившийся из сил последний лист. И у меня в комнате все было на месте, и в воздухе, как всегда, шуршало время, и стрелка неизбежно вздымалась, прорастая, и падала, как теперь, возводя звезды на небо, поднимая на острие своем луну и кружа солнце.

Две девочки, две хозяйских дочки, выходили тогда ко мне и приносили хлеб, соль, перец, целый набор инструментов для поедания обеда, набор склянок с острыми приправами, мое лекарство, словом — все, что было нужно, уставляли стол беспричинно сиявшими предметами. Обе становились напротив меня, клали руки на стол, показывая мне двадцать одинаковых детских пальцев, и тихонько стрекотали мне про погоду, про актерку, про школу, про собаку. Потом появлялась мать и прогоняла их, и я погружался в пары, шедшие из кастрюль и мисок.

Кроун приходил часов в восемь, и иногда мне казалось, что приходит он не ко мне, а к моей печке, которая, впрочем, к этому времени начинала уже сильно остывать. Он едва здоровался со мной, и сейчас же становился к глянцевитому ее боку, заложив руки за спину, и стоял так, пока мы не садились за ежевечернюю игру.

— Да что у вас дома, разве не топят?

— Кажется, нет, — отвечал он.

А однажды, когда он придвинул к печке стул и уселся, приложив ухо и ладони к кафелю и полузакрыв глаза, я сказал ему:

— Устали? Вы же целый день сидите на службе, вам

полезнее было бы постоять, — он повел глазами, поискав ими по комнате, остановил их на моем лекарстве и ответил:

— Полезного у меня вообще маловато. Довольствуюсь вредным.

Я засмеялся и заставил его смеяться вместе со мной. Часто он являлся, когда кастрюли и миски были еще на столе.

— Что вы сегодня ели? — непременно спрашивал он тогда, наклоняясь над приподнятой крышкой.

— Телятину с грибами. Хотите?

— Нет, я обедал.

— Ну тогда съешьте сладкого. Это можно.

— Спасибо. Не люблю сладкого. — Но он осматривал и сладкое.

Он осматривал хлеб, и спрашивал, где именно его покупают, и удивленно рассматривал горчицу, утверждая, что она возбуждает аппетит. Когда при нем убирали со стола, он становился очень внимателен, а потом в рассеянности опять обнимался с печкой.

— Хорошо, что печки женского рода, а то было бы центральное отопление, пришлось бы вам обниматься с радиатором, — говорил я, и хохотал, и Кроун, который не сразу понимает мои остроты, в конце концов тоже начинал хохотать. Вызвать его на смех было вообще не легко, но я уверен, что один из законов гостеприимства — смешить гостей, и я делаю это с удовольствием; Кроун хохотал некрасиво, громко и отрывисто, и затихал внезапно, словно ему задали рот рукой. Он затихал так решительно, что я забывал о нем; папироса гасла у меня в пальцах, снизу слышалась человеческая речь, тишина от этого делалась еще более успокоительной, пока бой часов не разгонял нашего молчания, и мы опять не вступали в русло вечера. Я снимал с полки ящик и доску, сделанные

13

кустарно, но прочно, и мы усаживались за стол друг против друга.

Игру эту выдумал Кроун. По сложному чертежу шли фигуры, пять моих, пять его, и пять общих. После длительной борьбы, цель которой была сделать все фигуры своими, игра обычно кончалась вничью, все фигуры становились общими. Игра кончалась вничью потому, что я изучил все ее возможности не хуже самого Кроуна, который выдумал ее лет восемь тому назад, взял на нее патент, но до сих пор не сумел извлечь из нее выгоды. Когда-то, очень давно, две его игры были известны в России, и он получал от фирмы Дойникова нечто вроде небольшой ренты. Но заграницей его билет не вытянулся, и ему пришлось поступить на службу обыкновенным служащим в обыкновенную контору.

Он носил рубашку цвета хаки и не по возрасту пестренький, жгутом извернувшийся галстук; когда я указывал ему, что брюки его сзади блестят, словно натертые ваксой, он не жаловался, но с какой-то преувеличенной болью говорил, что на нем все горит.

— А вы покупайте вещи подороже, ей богу это выгоднее, чем вечно гоняться за дешевкой, — говорил я.

— Выгоднее, вероятно, потом, — соглашался он, — но сейчас просто никак это невозможно.

— Поднатужьтесь, вы наживете на этом.

— А вдруг вещи окажутся слишком прочны?

— То есть как это слишком?

— Переживут меня. Подумайте, обида какая! Я мучился, тужился, обзаводился первым сортом, а он, подлец, возьми да и окажись прочнее и первосортнее самого меня. Очень будет досадно.

— Я знаю ваш бюджет точно: вы можете жить лучше, чем

14

живете. На что вы деньги тратите? Страстей никаких, одеты плохо. По-моему, вы просто гурман, вы умрете от подагры. Да, да! Не возражайте! Вы любите ананасы какие-нибудь, наверное, и икру. Бывает это у холостяков, я знаю.

— Неправда, я не могу жить лучше, чем живу.

— Сам черт не разберет, что вы такое, вы — богема с мещанством пополам.

— Вероятно, и то, и другое, — в конце концов соглашался он со мной. — Как большинство людей, у которых нет ренты, и которые никогда не знают наверное, что их ждет в будущем, какая болезнь, какая старость, какая смерть. Ренту иметь, это все равно что знать: есть царствие божие! (Я преувеличиваю, конечно, но в этом роде). Таким людям нечего бояться, все устраивается и без них, им остается одно — не грешить. Или точнее: держать деньги в верном месте.

— Верных мест теперь нет.

— Держите под рубашкой.

— Я не мужик, чтобы хранить деньги дома, да и это место разве верное? Иногда все это так раздражает, что ей богу я вам завидую: по крайней мере нет никаких забот и привычка к работе.

— Не завидуйте. Ведь я из тех, которые ничего не знают. Искрошит нас, нищих, и костей не соберешь.

— А мне всю жизнь...

Я не стал ему объяснять, все равно он твердо уверен, что я счастливее, и конечно, он отчасти прав.

Кроун продвигает выточенные из дерева фигуры. Я задумываюсь.

— Вы слышите, как идут секунды? — спрашиваю я минут

через десять молчания. — Они трепещут, как стрекозы, они шуршат.

— Стрекозы не шуршат, кажется. Это ваша выдумка. У часов скорее звук шелкового женского платья. Раньше были такие материи, помните? Впрочем, каждый слышит, что хочет.

— Девять десятых не слышит ничего, и не видит

— Каждое движение сопровождалось шелестом, и так бывало упоительно закрыть глаза и слушать, как скрипит шелк.

— Продолжайте.

Он взглянул на меня, умолк и низко склонился над фигурами, так низко, что мне не видно стало его лица, с большим, слегка искривленным носом, с бесцветными, умными глазами; я видел лишь голову с густыми сильно седеющими волосами. От них шел слабый запах какого-то цветка.

Этот запах я ощущал не впервые. Он сопутствует Кроуну в те дни, когда он бывает в парикмахерской, в остальное время от него пахнет иногда кухонным чадом — это когда он прямо из своего дешевого ресторана приходит ко мне. В этих ресторанах зимой и летом стоит чад от жареного картофеля. Мне кажется, Кроун очень редко отдает в чистку свои пиджаки, и может быть редко моется.

— Вы никогда не принимаете ванны? — спрашиваю я.

— Нет,— отвечает он, не поднимая лица.

Я не знаю, как намекнуть ему, что хорошо было бы ему вымыться душистым мылом, и решаю отложить этот разговор до другого раза. Я не хочу, чтобы Кроун опустился: опустившийся человек делается мне противен. Хотя бы для самого себя, для этих моих вечеров, мне необходимо сохранить Кроуна.

Мы очень долго молчим. Внизу, в доме, запирают дверь,

это называется: наступила ночь. Накладывается на дверь засов, старинный засов, который успел, как и все, усовершенствоваться, утончиться за эти годы. Я хорошо знаю его: когда я выпускаю Кроуна, он гремит и щемит мне пальцы. Внизу замирают люди, гаснет свет. Через час-другой начнут щелкать в кухне мышеловки, треск слышен на весь дом, от него Кроун морщится и многозначительно смотрит на меня. Но мне безразлично: я мышей не люблю.

Кроун откидывается на стуле и говорит:

— Сегодня днем я проходит мимо вашего дома, листья почти все уже облетели. А в других садах еще держатся. Октябрь.

Мое изумление направляется в неожиданную для нас обоих сторону:

— То есть, как это вы проходили днем? Разве вы сегодня не были на службе?

— Нет.

— Почему?

— Потому что с первого числа меня рассчитали.

— Почему же вы молчите?

— Вот я уже не молчу.

— Но почему вы молчали?

— Ах боже мой, так!

— Так? Как вы легкомысленны, Кроун. Вот вы можете играть, острить, а о том, что службу потеряли — забыли. Надо же что-нибудь делать.

— Я делаю.

— И что же?

— Ничего.

Мы молчим не глядя друг на друга, фигуры опять пошли в ход: на расчерченной Кроуном доске, синими и красными карандашами.

— И вот проходил я мимо вас и увидел: на эдаком ветру, на всем вашем великолепном клене один лист остался. Эгоистически уцелел.

— Почему же эгоистически? Может быть ему просто случайно повезло?

— Эгоистически уцелел. Дрожит, но живет, и поверьте, таким способом до зимы дотянет. Старается изо всех сил.

Я роняю руку со стола и цепенею. Долго идут ко мне тяжелые, неповоротливые, как сны, мысли: от этого листа — к куче тех, что сметены ветреным рукавом и клубятся теперь под забором, к пестрому белью, болтающемуся на юру дворовому колокольчику, одиноко стонущему ураганными ночами.

— А вы не обратили внимания, — говорю я, — здесь под окном сегодня работали, итальянцы должно быть. Чумазые, но ловкие ребята. И машина до сих пор стоит... Слушайте, Кроун, они цементировали дорогу...

— Они и в прошлом году ее чинили.

— Они трамбовали щебень, превращали его в кашу одним тяжелым широким колесом. Очень интересно. Никогда не думал, что это так просто.

— Зачем вы это мне говорите?

— А кому же и говорить? Я же решительно никого не вижу, кроме вас. Живу один-одинёшенек.

— Другие, поди, все облетели!

— Что вы сказали?

Он не повторил, а я расслышал его слова только спустя некоторое время, — это значит, что слух мой не сразу передал мне то, что на грани неуловимого он все-таки уловил. Мы сыграли в ничью, и так как было уже одиннадцать, то Кроун встал и прежде чем уйти, опять постоял у печки, холодной и гладкой, которую он, конечно, любил больше меня. Я не сердился.

Я проводил его вниз, запер дверь и вернулся. В комнате было накурено. Пришлось открыть окно, а так как я труслив и не люблю тьмы, то я потушил свет в комнате, чтобы на дворе казалось светлее. Ветра больше не было, недавно прошел дождь и, казалось, земля готовится к холоду. Небо было облачно, призрачно и мутно, и подо мной чисто и пусто белела улица. Я увидел танк-трактор, стоявший черным пугалом у противоположного тротуара. Он казался больше, чем днем. Я увидел человека, безмолвно кружившегося вокруг него, это был Кроун. Видимо, он с любопытством высматривал этот призрак и даже, как мне показалось, несколько раз провел рукой по широкому и вероятно холодному ободу колеса, приходившемуся ему у пояса. Потом он пошел, и шаги его стихли.

Я очнулся от голода. Я уснул у окна. Зажигая свет и закрывая окно, я взглянул на часы: они неизбежно продвигались вперед. Если даже я сломаю старое стекло и исковеркаю стрелки, выломаю все скрытые колесики и шестерки, все равно время будет двигаться: где-то какие-то будут падать капли, носиться тучи, лететь листья; где-то будут ходить вымазанные маслом маленькие с ноготь и огромные, с человека, поршни, будут кружить колеса, дробиться чьи-то крылья, трещать руки и ноги, выстрелами хлопать в хозяйской кухне мышеловки.

Машина пущена. Цепь бежит.

1932

ПЕРЧАТКИ

В этот день Гита решила выехать в город за перчатками. Накануне зашла Мадлен и сказала, что в знаменитом магазине, возле Оперы, их раздают даром: сто франков пара вместо ста пятидесяти. Гита легла, как обычно, часов в десять, но уснуть не могла, в доме было нетоплено, и от холода и вступающей в дом первой осенней сырости, ныла нога. Помочь было нечем, Гита это знала, но она разбудила Руффи, спавшего в столовой на диване (он уже два месяца спал отдельно), и велела ему зажечь свечу — электричество дня за три до этого было выключено за неплатеж, — посидеть с ней, растереть ногу. Руффи ругался словами, которых давно не стеснялся, но все исполнял, приоткрывая сонные глаза, подтягивая то одной, то другой рукой падавшие пижамные штаны. Потом он пошел на кухню, и там в темноте опрокинул поднос с грязной посудой, раздался неимоверно долгий грохот фарфора, бившегося на полу, среди этого грохота ложки и вилки подавали звонкий, звенящий голос, прыгая между осколками чашек и тарелок. Руффи выругался, хватаясь за спички, а слева предусмотрительно постучал в стенку разбуженный сосед.

Гита стиснула зубы и не двинулась. Она постаралась положить ногу так, как всегда складывала, когда нога болела. Впервые она открыла это положение еще в больнице, когда морфий впрыскивали скупо, а он был ей нужен в гораздо больших дозах, к морфию она была приучена прежней жизнью. И вдруг случайно двинувшись, она выпала из ноющей боли в покой и тишину. «Вам лучше? — спросила сиделка, — вот видите, вам лучше!» Гита медленно перевела глаза с обоев на сиделку, и вдруг попросила дать ей зеркало.

Ей дали его не сразу, сказали, чтобы она не пугалась, что волосы остригли, и забинтована она из-за мелких царапин, это переднее стекло разбилось и ей срезало шляпу вместе с густыми золотыми волосами и кусками кожи. Она посмотрела на себя: повязка была завязана набекрень и шла над самым глазом по щеке, под подбородком. «Все пройдет, не надо отчаиваться. Могли потерять глаз», — сказала сиделка, и Гита заплакала.

С тех пор она стала много плакать, после слез начиналась головная боль. Гита ложилась и долго лежала. Вот начинало смеркаться, тускнело небо в окне, падала паутина теней на предметы в комнате, звуки в доме становились глуше, и шаги Руффи, и поворот его ключа довершали Гитин день.

Она так привыкла скрывать от всех, что между ними происходит, так привыкла к своей жизни, за которую все время было стыдно: его брань, его вихляющая походка, весь он, со своими окурками, с начищенными ботинками и рваными носками, с припудренным носом и огромными, воловьими глазами, и его образ жизни — мелкого спекулянта, и сама Гита, ее прошлое, ее красота, которая погибла и которую по утрам тех дней, когда надо было куда-то ехать, приходилось тщательно и долго восстанавливать.

Она просыпалась расслабленная и на обезображенные, в рубцах, ноги натягивала толстые резиновые чулки, на когда-то изумительные, знаменитые ноги, которые лепили, писали, воспевали в инфляционном Берлине. Потом она умывалась, сидя у туалетного стола, наливая из бутылки на вату белую жидкость. Потом она со страхом — к этому нельзя было привыкнуть — смотрела на свои волосы: потеряв былую волнистость они росли теперь пучками между белых толстых шрамов, и росли так густо и больно, что их то и дело надо было срезать. Гита одевалась часа три. Руффи возвращался из города с холодными котлетами, хлебом, пивом. Она выходила к завтраку, и что-то сквозило в ней прежнее, когда надевала она единственное, но из лучшего парижского дома, платье. Может быть это была ее редкая улыбка, когда-то сводившая людей с ума, ее синие глаза.

Он нанимал такси, и она старалась не думать о том дне, когда она вот так, после пьяного и сытного завтрака в ресторане, вышла с человеком, другим, не Руффи, — на Руффи она бы тогда не посмотрела, — вышла садиться в огромную синюю машину, которая за три дня до этого стала ее собственностью. «Я — к рулю, — сказал она, — а ты рядом», и боже мой, как она взглянула на него! «Ты — рядом, а я к рулю», — сказал он и открыв дверцу, усадил ее, и она спьяну не спорила, но даже обрадовалась тому, что рука у него такая сильная и голос уверенный. Это-то она в нем и любила.

Она только успела подумать, что день чудный, что ветер быстр, и что теперь, после автомобиля, дело идет к изумрудному кольцу, а может быть и к загородному дому. Потом она перестала думать и стала смотреть перед собой. Город кончился, потянулись сады, потом сады кончились, начались поля, перелески, дачи. Они мчались с безотчетной скоростью, и дорога просто сыпалась им под колеса. И вдруг — толчок, от которого можно было вылететь из нашей орбиты, толчок, оглушение, звон стекла, автомобиль лежит четырьмя, еще спешащими куда-то, колесами кверху, дымится пыль, а внутри все тихо: из разбитых черепов бежит кровь.

Когда выбежал первый свидетель, старик, собственник дачи, стоявшей у дороги в цепком окружении отцветающего шиповника, когда он выбежал, там, внутри, придавленный рулем и подушками, мужчина был мертв, а женщина с переломанными ногами и сорванными волосами была так окровавлена, что заглянув в оконную дыру, в выбитое стекло, старик закричал, зовя на помощь. Как долго возились с ними, с автомобилем, с погибшими людьми?..

В такси было холодно, потому что Руффи велел открыть верх. Он сидел развалясь, слегка боком, время от времени сдвигая в сторону стекло, отделявшее седоков от шофера, и делая замечания, касательно каких-то петель и крючков, которые тот делал. Когда машина остановилась, Руффи заплатил, отсчитал двадцать сантимов на чай и, выпятив грудь, повел Гиту под руку в магазин, вертясь и приседая, заломив котелок.

Одну пару белых, длинных, Гите завернули и подали с поклоном, две другие она тихонько заложила между рукой и грудью, под шубкой, и улыбаясь, порозовевшая и счастливая, вышла. Они решили пройтись пешком до набережной. День темнел. Вот-вот мог пойти дождь. Руффи подводил Гиту то к одной витрине, то к другой, и при виде галстуков и персидских ковров ему делалось грустно. «Есть такие сволочи, которые все купить могут», — говорил он и лицо его сразу старело. «Я устала, — говорила Гита, — поедем домой».

Короткий ноябрьский день темнел, вспыхивали фонари. На площади доигрывал позабытый фонтан. Они садились за столик в странном месте, где в это время дня не было никого, и где вероятно вечерами бывало нарядно и шумно. «Это кажется вышло из моды? Раньше здесь было очень приятно», — выражался Руффи. И Гите казалось, что их двоих давно все забыли, те люди, что ушли из этого места в неизвестность, и с которыми так хотелось побыть вместе хотя бы час.

— Вас тут ждут, — сказала швейцариха, распахнув свою дверь на лестницу, и видно было, как в глубине ее полуподвальной конуры кто-то встал со стула.

— Ты не получила моего письма? — спросил женский голос.

А ведь письмо действительно было получено, только Гита забыла о нем, у нее больше не было памяти, и она знала от чего: это были такие впрыскивания, без которых она когда-то не могла обойтись.

Девушка, вышедшая на лестницу, была плотна и круглолица и все время не переставала улыбаться широкой, спокойной, уверенной улыбкой. Она переложила чемодан из правой руки в левую и протянула большую, тоже спокойную кисть.

— Здравствуй, Лиза, — нужно было поцеловаться. Она без смущения нагнулась, увидела близко от себя испуганные, печальные глаза Гиты, ее длинные ресницы, и поцеловала воздух.

— Это — мой муж, — сказала Гита, решившись показать сестре Руффи.

Она так хорошо знала все его движения и ужимки, особенно когда он видел кого-нибудь в первый раз: полуприкрытые глаза, раскрытый рот и слегка задержанное рукопожатие. Но она только на мгновение остановилась мыслью на нем и сестре, она заспешила наверх, она едва не упала, просчитавшись на одну ступеньку, надо было успеть что-то сделать в квартире, но что? и с чего начать?

Комнат было две. Электричество включили еще утром. Из столовой Гита унесла остатки завтрака, какой-то журнальчик, и пока Лиза раздевалась в передней в молчании, она успела снять со стены две препоганейшие картинки. Пока Лиза входила в столовую, где в пепельнице лежали вчерашние окурки, Гита прятала в ящик туалетного стола жемчужную нитку (последнюю) и золотую зажигалку-портсигар давно съели.

— Лиза!

Лиза вошла улыбаясь, в спальню. Ей на вид было лет двадцать, одета она была в черную юбку и белый свитер.

— Как ты выросла! Что бабушка? Жива?

— Бабушка? — Лиза переставила под стулом свои длинные ноги в старых туфлях.— Живей тебя. Я привезла тебе пирог. Почему ты в шляпе? Чем занимается твой муж?

— Он занимается делами. А бабушка наверное едва ходит?

— Ходит лучше нас с тобой. Какими делами?.. Ах какие у тебя тонюсенькие брови!

24

«Долго ли это будет продолжаться?» — спрашивала себя Гита, укутавшись платком, осторожно снимая шляпу и закуривая. Руффи пел на кухне. Он, вероятно, брился. Руффи, чтобы выглядеть бритым, надо было бриться два раза в день.

— У вас как-то странно,— сказала Лиза, — вы давно тут живете?

— Год.

— А до этого?

В детстве, когда разница в семь лет казалась огромной, приходилось прятать от нее: пудру, карточку оперного артиста, модный роман, письмо знакомого мичмана, какой-то захудалый, худосочный дневник, который Гита вела украдкой, и сейчас, лежа на диване и думая об обеде, она понимала, что вся комната полна разоблачающих мелочей: вот Лиза взглянет на что-нибудь и пойдет от догадки к догадке. Вещи выдадут все: распахнется дверь шкапа и что-нибудь уцелевшее из прошлого — бирюзовое расшитое стразами платье, скользнет с хрупких деревянных плеч вешалки, или выдаст ее пыльный заброшенный альбом фотографий: Гита в снегу, на лыжах, Гита на берегу моря со спущенным со спины купальном трико. Гита на широком диване с пекинской собачкой, веселый мордастый господин с гольфной палкой на плече.

Или войдет припудренный, в запудренном пиджаке Руффи, и Лиза, опять широко улыбаясь, спросит, когда и где они венчались, и кто был на свадьбе. Она ни о чем с ним не сговорилась, они будут врать разное.

После обеда выяснилось, что чистых простынь только одна, и кое-как Лизе постелили в столовой на диване. Потом закрыли дверь и остались вдвоем.

— Во-первых,— сказала Гита, лежа на спине, — не смей для нее два раза в день бриться, она вообразит, что ты хочешь ей понравиться. Боже, какой она урод! Прическа, как у торговки.

25

Сядь сюда, Руффи, милый. Она кажется завтра к вечеру переедет, ей знаешь, дали стипендию, она будет учиться.

— Она через полгода устроится, если не дура. Ее причесать, одеть, или раздеть, сразу похорошеет.

— Тише.

Но Лиза не подслушивала.

Она лежала на диване в этой скучной столовой, спрятав сумку под подушку, в руках у нее была толстая старая книга, вынутая из чемодана, и лист бумаги, она писала карандашом:

«Бабушка! Сегодня утром я уехала, а за день со мной столько произошло, прямо страсти! Я надеюсь, что у тебя все благополучно. На моем месте ты бы прямо не выдержала. Во-первых, в вагоне я познакомилась с одной студенткой, которая второй год в Школе. Она рассказала мне столько любопытного, что и половины тебе не уписать. Мы решили жить вместе, и завтра я перееду к ней. Сейчас я у Гиты, но тут остаться меня не попросили.

С вокзала я поехала к Гите. Ехала без конца и волновалась. Ты бы совсем пропала. Бабушка, Гита живет очень странно: у нее муж совсем не тот».

Лиза прислушалась. За стеной все было тихо.

«Он как будто бы итальянец, но говорит по-русски и жил в России, а может быть он грек? Во всяком случае, тем господином, которого знал Николай Иванович год назад, здесь не пахнет, а пахнет сильно какой-то косметикой, которую господин итальянец целый вечер лил себе на голову. Чем он занимается, я пока не поняла, да и вряд ли пойму, потому что завтра съеду. Завтра же, как ты понимаешь, мне совершенно необходимо увидеть могилу Наполеона, и хотя бы Лувр, Эйфелеву башню и Булонский лес, потом вернусь за вещами и перееду, и вместе с моей новой знакомой отправлюсь в Школу.

Бабушка! Я в Париже! Сердце мое бьется! Подумай, бабушка, кто здесь только не жил! Ах, бабушка!

Теперь я скажу тебе про Гиту. Она тоже не та. Она худая, бледная, сильно накрашенная, все время жалуется, что у нее все болит. Ты ведь не выносишь, когда люди жалуются; я молчала и старалась улыбаться приветливо, как ты советовала. Одета она, как кукла, хотя впрочем у кукол всегда были коленкоровые панталоны, а у Гиты наверное шелковые. Но живут они бедно и грязно, ты бы немедленно, завернув подол, вымыла бы шваброй их квартиру. Гита мне ничуть не обрадовалась, а у меня так стучало в голове от волнения, что я увижу ее, что я тоже не почувствовала большого счастья. Я спросила ее, как и где она жила с тех пор, как она нас бросила, она мне ответила, что все было «ол райт», что она уже была один раз замужем (но это опять не тот, это я поняла наверное), и что муж ее умер. Я спросила, нет ли у нее детей, и она так смеялась, что мне показалось, что может быть и есть, и она только хочет это скрыть. Итальянский господин, между прочим, все время почти был тут же.

Теперь я буду спать. Теперь ты напиши мне обо всем, что с тобой произошло за это время. Вот и адрес...»

Гита несколько раз приподнимала голову с подушки: вот в окне занялся белый, дымный рассвет и вещи в комнате, и лицо Руффи стали сквозить в полусвете, делая усилие чтобы воплотиться из ночного небытия в полубытие дневное. Вот Руффи ходит по комнате в подтяжках, бледный, почти уже довоплощенный, а окаменевший свет стоит в окне. Вот наконец шаги Руффи в передней, процеженная сквозь зубы старая песенка и удар входной двери... Гита встала, накинула халат. «Лиза, ты спишь?» — спросила она, приоткрыв дверь в столовую.

Но там уже не было никого. На диване лежали сложенные простыня и одеяло, слабо пахло мыло, сохшее на бумажке.

27

Лизы не было, и хорошо что ее не было, иначе Гита бы наговорила ей лишнего.

Она всегда думала: ни о чем не жалею, ни в чем не раскаиваюсь, и ей казалось, что в этом есть гордый смысл: «что хочу, то делаю» и «я сама себе хозяйка». А сейчас она видела, что никогда ничего не делала из того, что хотела, и что в ее судьбе хозяйничали чужие, грубые люди. И ей захотелось вернуть тот безумный день, тот страшный день, когда она уехала от Лизы и бабушки, из человеческой, трудной, но стойкой жизни, в жизнь бесчеловечного и жестокого кинематографа, который тоже назывался жизнью. Поезд несся на юг из навеки брошенного Брюсселя, мужское лицо, к которому она вдруг перестала чувствовать что-либо кроме страха, приближалось к ее лицу. Соединение в ней старого, почти детского шерстяного платья, детского белья, с невыразимой красотой продолговатого лица и синих глаз, как лжи с правдой или тьмы со светом, придавало ей прелесть необъяснимую и единственную. И пока поезд шел и шел, стуча на стрелках, и за окном плоский горизонт постепенно складывался в мягкую холмистую черту, дома читали и перечитывали ее безграмотную и дерзкую записку и вызывали доктора к тучной, всегда веселой старухе, у которой вдруг отнялся язык.

А жизнь ускоряла бег, не считаясь ни с чем, день превращался в ночь, а ночь в день. Ни пространство, ни время не имели значения, не было желаний, потому что все было исполнимо, не было запретов, все было позволено. И теперь воспоминания об этих годах все были связаны с дьявольской быстротой каких-то полетов: в куртке, на лыжах летит Гита со снежной высоты, приподняв слегка лыжные палки, поясницей удерживая чудесное равновесие; парусник несется по озеру, накренясь, вознеся нос, ветер вздувает белый холст, мачта режет небо; с чувством восторга и ужаса она, оглушенная шумом пропеллера, высовывается из окна аэропланной кабинки одномоторника, и видит как под ногами мчится пар облаков, которому не догнать их. И все решительно тупики ослабевшей памяти приводили Гиту к бегу, к скольжению, к лету, вплоть до самого последнего, разбившего ее навсегда, выбросившего ее из ее летучей, ветреной жизни.

Лиза приехала. Вчера так неловко и неумело Гита прятала от нее и эту, и ту, прежнюю жизнь. Может рассказать ей что-нибудь, например про то, как Руффи продавал ее кольца, как обманывал ее, как каждый вечер Гиту укалывает мысль: а вдруг он не вернется, никогда вообще не вернется к ней? Как он однажды ударил ее в грудь за какую-то невинную ложь? Или про вчерашние перчатки, про то, как она зажала их между маленькой грудью и локтем?

Она сидела в столовой на тахте и перебирала Лизины вещи, приоткрыв чемодан: два свитера, юбка, книги, тетради, чертежи. Потом попалась ей фотография отца и матери, она сейчас же поглубже спрятала ее. Она сидела, опустив руки между колен. Она забыла о времени.

Руффи к завтраку не вернулся... Эти ноги, эти волосы... От всего прошлого осталась зажигалка и жемчуг. Он вероятно придет часов в пять, будет уже смеркаться. Как это случилось, что у меня нет ни одной подруги? У всех есть подруги, а у меня нет. С тех пор как Лия уехала в Америку — никого. Лия играла с Янингсом, с Наварро, и в прошлом году покончила с собой. А какая была! Цыганочка!

Около двух в передней вдруг зазвонил звонок.

— Я за чемоданом, — сказала Лиза, входя. — Я поселюсь у подруги, я сказала тебе вчера? У подруги, в поезде познакомилась... Ах сколько я чудес сегодня видела! Как я устала!

Гита отошла в сторону.

— Заходи к нам, — сказала она сухо, — только сперва предупреди, а то нас дома может не быть.

— Спасибо, зайду непременно, — и по ее лицу было видно: она не зайдет никогда. — Прости, что побеспокоила.

— Какая ты сильная. Сама понесешь?

— Конечно. А кто же? Поклонники вокруг света уехали.

— Мыло не забудь.

— Ах да, мыло. Кланяйся своему мужу.

Она протянула руку. «Неужели она опять поцелует воздух?» подумала Гита, но Лиза осторожно отшатнулась от нее (не переставая улыбаться), и сейчас же обеим стало ясно, что это их последнее свидание, что ничего никогда не будет сказано, и что было когда-то в детстве, то давно забыто.

До пяти осталось еще много часов. Гита ушла в спальню и легла на неубранную постель. Делать было нечего, и думать было не о чем, зеркальный шкап отражал туалетное зеркало, а туалетное зеркало отражало зеркальный шкап. А между ними на кресле со вчерашнего дня валялись краденые перчатки.

1932

ТВЁРДЫЙ ЗНАК

Кто-то как будто ходил по квартире, словно нарочно, чтобы напугать Александра Львовича, чтобы он, проснувшись, обмер, чтобы все утро было испорчено этим испугом. Как он ни крепился, сердце захолонуло: шаги раздавались в столовой. Входную дверь он вечером запер, он это помнил, но черный ход? но окно? «Ах нервы, нервы!» Это трубочисты работают в соседней квартире. Как надо быть осторожным, как надо беречься, сколько неожиданных неприятностей подстерегает нас в жизни!

Шлепанцы, халат, взъерошенные полуседые волосы, дыра во рту сбоку — это так, для себя. Если кто-нибудь звонит, сейчас же выкидывается из шкафа малиновая, в ястребах, шелковая хламида, сафьяновые туфли, душистой щеткой приглаживаются волосы, вставляется зуб. И Александр Львович идет к дверям со сладчайшей улыбкой, слегка заводя правую ногу, накрутив на палец перстень. Племянница, швейцарихи разносит почту, или это прачка, или итальянка пришла убирать квартиру. Один раз явилась пожилая, с умным лицом шестидесятницы, горничная дочери с запиской: «Папа, вчера у нас сняли телефон, сегодня запрут электричество. Кроме повара и Берты отпустили всех. Не прошу у тебя денег, но купи персидский ковер из гостиной. За него было заплачено двенадцать тысяч, для тебя уступим за восемь. Шура.»

Надев большие очки, в которых его тоже никто никогда не видел, он садился за стол, под портрет известного деятеля (который бы вероятно очень удивился, узнав куда его повесили), выпивал стакан горячей воды и читал газеты, чтобы было о чем поговорить, если случится. Деловые письма, письма с просьбами, женские письма, он раскладывал по местам. Потом вынималась тетрадь с золотым обрезом: «Мои

31

размышления и звуки». Указательным пальцем левой руки подпирался склеротический висок. В тетрадь записывались вчерашние расходы (завтрак, такси, на чай, цветы, аптека). Здесь же был список (примерный) женщин, которых на всякий случай надо было иметь в виду:

«Соломина. Намекнуть: тысячу сразу, или триста помесячно. Во всяком случае не давать ни телефона, ни адреса.

Лиля. Попытаться цветами и театральными билетами.

Клавдия Петровна. Изобретать. Поражать. Взять врасплох.»

И так далее. Стакан горячей воды был выпит за полчаса до кофе и сваренного всмятку яичка. В десять без десяти позвонил телефон, и хриплый мужской голос торопливо, запальчиво, не называя себя, начал убеждать Александра Львовича, что кончится «все это» скандалом, что некоего господина Якубовича уже ищет полиция. «Да кто говорит?» — спросил несколько раз Александр Львович. «Благожелатель», — ответил голос и повесил трубку. Александр Львович решил быть с Якубовичем впредь осторожнее.

Он одевался довольно долго; сверкая ногтями, благоухающий и какой-то весь осторожный: не запачкаться бы, не наступить бы куда, не увидеть бы чего некрасивого (да и не рассыпаться бы), вышел на улицу. Брюнеточка сидела у окна. «Она без меня прямо жить не может», — подумал Александр Львович и осклабился. День был самый обыкновенный, жаркий летний день в городе. Рукой в светлой перчатке снимал Александр Львович трость, монокль придавал его лицу что-то свирепое, бородка едва седела, жесткая и острая. Ему казалось, что бородка его — это нечто такое, без чего русского парижанина себе и представить невозможно, как невозможно представить себе без нее довоенного Петербурга. «Мы донесли, — сказал он однажды, и тридцать один человек, затаив дыхание, слушали его, и он протянул руку к окну, где мигала огнями Эйфелева башня, — мы донесли до нее, что у нас было: наш твердый знак!» Но в душе в эту минуту он, конечно, думал про бородку.

В редакции русской газеты, куда он приехал и где надпись «просят на пол не плевать» относилась и к нему, на что он в душе возмутился, он назвал свою фамилию, и его попросили обождать. Ждал он довольно долго, стараясь не кипеть, сохранить крови ее обычный ход, словом если не с пользой проводить время, то хоть без вреда. Ждал он довольно долго потому, что во-первых, было еще рано, а во-вторых, в соседней комнате два человека промеж себя спорили, как с ним быть: один говорил — надо его послать к черту немедленно, а другой, что его надо послать к черту, но не сразу.

Наконец, его попросили войти. Он, прежде всего, осведомился, хорошо ли его приняли и кто он. «Да, да, — ответил ему скучный человек в очках, — что угодно?» Александр Львович сел, утвердив на столе свою шляпу изнанкой вверх, и она вдруг показала миру свою роскошную внутренность: белый атлас, золотой росчерк фирмы, эмалевые инициалы. Он попросил напечатать на видном месте письмо в редакцию о том, что три дня тому назад упомянутый в газете Александр Красноверов (без постоянного местожительства), высылаемый из Франции за разные непотребства, ничего не имеет общего с ним, присяжным поверенным А. Красноперовым.

— Да ведь там вэ-э-э-э, — протянул скучный человек, — а здесь пэ-э-э-э.

— Жизнь состоит из деталей, — и он выплюнул из глаза монокль. Но напечатать письмо ему отказали.

Посмотрев на себя мельком в зеркало над комодом, он вышел. После него в коридоре остался запах персидской сирени, которой он душился вот уже сорок лет.

День был самый обыкновенный, один из 365 дней, может

33

быть 210-ый, или какой другой. Дел у Александра Львовича не было никаких, — дела за него делали другие: покупали, продавали, попридерживали. Позавтракал он как всегда с пользой, встречая кого надо. Лакей его знал, в летнее время с террасы отгонял от него случайных нищих, за что он щедро давал ему на чай. Лакей доставлял ему сведения об обедающих дамах. «Ни по чем, — говорил он, — господин Краснопёров, здесь никакой почвы нет. Не стоит терять сил и здоровья». Или: «Все данные за и против. Предоставьте нам». (Это значило, что может быть удача, и «против» говорилось с разбегу). И Александр Львович, наставив стеклышко, дерзко и властно смотрел на блондинку, ощипывающую артишок. И такая казалась она особенная, далекая, наверное привередливая и загадочная... А познакомился — глядишь, все то же: болтовня, скука, деньги. Но отчаиваться не надо: всех перепробуем, всему нарадуемся! Главное, во всем находить удовольствие, как заразы бояться огорчений. Довольно было несчастий: два состояния потерял (в России и в Берлине), жена бросила, дочь ушла, живет «так», сын застрелился после карточного проигрыша. Пора радоваться. Осталось — не так уж и много. Только пожалуйста, милые европейские правители, не устраиваете новой войнишки; землетрясения, потерпите! Гольфстрем, прошу продолжать во всю!

— Да сколько ему лет? Ей-богу, он для шестидесяти выглядит молодцом, — сказал ему кто-то вслед, когда он вышел из ресторана. И правда, хоть он и говорил, что ему 54, для шестидесяти одного года он был моложав, прям, старался плечам придавать при походке упругость, вообще крепился вовсю, поддерживая, когда случалось, разговоры о плавании, теннисе, о солнце, море, новых, в последнее десятилетие появившихся худощавых стриженых женщинах (на деле предпочитая вялых, роскошных особ, никогда не бравших в руки ни весла, ни ракетки), говорил о театре (в мыслях держа «Птичек певчих» и «Даму от Максима»). О том, что после завтрака он дома спит, а перед тем снимает трубку телефона, долго громко зевает, охает, кряхтя и сморкаясь, никто не

34

догадывался. Засыпал он обычно что-то блаженно высчитывая, и так устраивались его дела в последнее время, что всегда хватало, и оставалось, и все были довольны, и еще благодарили его.

Положительно ничего неприятного не должно было существовать на свете. Все неприятности он решил раз навсегда отменить. Если начать вспоминать, может испортиться эта форма, в которую он вдвинул себя. Третьего дня, например, он стоял у одного дома на набережной. У него была полная уверенность в том, что из знакомого окна третьего этажа ему сбросят ключ. Во-первых, как ему казалось, он поймал один взгляд — более удивленный, чем обещающий. Во-вторых, он ловко всунул в шелковую сумочку письмецо. И окно, действительно, открылось. Он перешел через улицу и в ту минуту, как он вступал на тротуар, его сверху облили. Это была вода, в этом не могло быть никаких сомнений. И теперь он старался забыть об этом.

Обыкновенный день, 219-ый, скажем, старался пробиться, досадить ярким светом, сквозь ставни. Александр Львович завел глаза, потянул носом. В одиночестве он разрешал себе храп.

Обыкновенно, под вечер, он шел пройтись и гуляя по улицам очень часто жалел, что неудобно носить с собой «Размышления и звуки», многое встречалось такого, что нужно бы было записать. Для гладкости жизни мешали на закате слишком ярко блиставшие стекла автомобилей. «Вот вы все боретесь с шумами, — писал он на прекраснейшем французском языке в письме, адресованном префекту парижской полиции (и подписанном «Русский гость»), — а не боретесь с резкостью света, весьма часто неприятно действующего на прохожих». Он любил писать письма, и обычно, суть в них так и не успевал выразить, все пробавляясь каким-то подобием сути. «Дорогая Вера Михайловна, я пишу вам «дорогая», хотя должен был бы написать «милая», по многим причинам, о которых вы вероятно догадываетесь...». «Досточтимый Август Федорович, я вчера лицезрел Якубовича по вашему делу, и должен вам спешно сообщить, что ничего еще не могу вам сказать положительного», — и еще, и еще, страницы две, а то и три, и никак нельзя было доискаться: приехало ли «вышеозначенное лицо», или уехало, и кто кого будет ждать, и от него ли были вчера хризантемы, — так он умел наплести.

Гуляя, он доходил до улицы, где высоко, как птица в клетке, непроницаемая в своей веселости, пышности и здоровье, жила Жермена. Три раза в неделю он поднимался к ней, в остальные дни посещал то общественно-благотворительное учреждение, в котором был председателем, и которое помещалось в двух темноватых комнатах, где от четырех до шести сидел и дымил самокрутками секретарь почтенных лет, с которым Александр Львович не всегда здоровался за руку. Жермена выпроваживала гостей за полчаса до его прихода: то это была подруга, то возлюбленный, то прибывшая из провинции мамаша. Что он делал у нее — сказать трудно. Во всяком случае, он расплачивался деньгами и подарками, ни о чем не спрашивал, и целовал ее на прощание в лоб. А она, как только он уходил, заваливалась спать до вечера, когда опять кого-то ждала, с коньяком, ликерами, словом со всем тем, что несомненно было для Александра Львовича вредно.

Спадала жара. Садилось солнце. Постукивая тростью, он возвращался домой, провожая глазами женщин, останавливаясь перед витринами магазинов белья и готового платья. «Как изящна жизнь, — думал он, — и как изящно живу я сам, надо только стараться не замечать уродств. Вот идет деревяшка. Пусть идет себе, отвернемся. Какое потное лицо». И он сейчас же переходил через улицу.

Вечером, в уютном кабинете, начинались телефонные разговоры. Лампа под низким абажуром, шкура под ногами, цветы в вазе. «Ах, дорогая, приезжайте сейчас ко мне, сердце мое бездонно бьется». В телефоне слышался сдавленный смех.

— Муж слушает в другую трубку, предупреждаю вас, — говорил женский голос.

— Ах, дорогая, как вы умеете шалить!

(А муж, действительно, слушал, и оба кусали губы, чтобы не расхохотаться.)

— Милая, я сейчас еду к вам, — начинал он минут через пять, уже другой, — я бескрайне соскучился.

— Пошли его к чертовой матери, — говорила подруга лежа на диване, пытаясь положить ногу на комод.

— Я буду вас ждать на углу, под проливным дождем, — говорил он третьей, — пусть струится стихия, я стоек, когда я влюблен.

— Как? Струится? Что такое? — спрашивал голос. — Подождите, это прямо записать хочется: струится стихия. Ха-ха-ха! Вот вы умрете, и никто уже не скажет такого.

Наконец он услышал из какой-то квартиры, куда долго не мог дозвониться, звуки рояли и детский голос:

— Нет, мама не может подойти, у нас гости. Нет, к нам нельзя, у нас гости.

Сжав челюсти, застегнувшись на все пуговицы, он подходил к окну, кашлял, бодрился. Там, напротив, в окне, он искал брюнеточку. Двор пуст и гулок. Невидимый во мраке человек простучал цинковым ведром, грохнул мусор в мусорный ящик; пахло городом, летом, пыльной ночью. В небе было черно; там где-то крепко и прочно сидели звезды. К звездам у него было всяческое сочувствие. Он думал: не замечать, презирать, выдумать что-нибудь, от чего все ахнут. Скользить. И нечего вспоминать, перетряхивать, пересыпать в памяти какие то неудачи: возможное мошенничество Якубовича, утренних трубочистов, все вырванные из его ладоней женские руки, удар по зубам в такси однажды, и еще раньше — или нет, совсем недавно — хохочущий голос в фойе театра: он сказал что-то такое политическое и о том, кого пускать и кого не пускать куда-то. Открылся молодой женский малиновый рот с ослепительным полукругом зубов. Кругом стояли и слушали люди:

— Скорей, торопитесь! Не то вас упразднят! Стараетесь во всю, ведь таких как вы ни-ког-да больше не будет!... Вы уже и сейчас не нужны никому, как твердый знак, да, да, напрасно вы так бережно везли его за собой вокруг земного шара! Ах, если бы вас можно было надеть, как бабочку, на булавку!..

1933

ДЛЯ БЕРЕГОВ ОТЧИЗНЫ ДАЛЬНЕЙ

Сегодня наконец наступил долгожданный день: я потерял терпение. Мне захотелось треснуть кулаком по столу, сдернуть со стола скатерть с двумя чашками, блюдечками и печеньем, чтобы загремело, но я так растерялся, что только схватил ее желтого щенка и швырнул его в угол. Она даже не взглянула, куда он шлепнулся, хотя, вероятно, любит его. Когда у него была щенячья чумка, она целыми днями не отходила от него.

Я вышел почти счастливый. Дул ветер, тот самый, западный, о котором она однажды спросила:

— Почему в этом городе почти всегда ветер западный?

— Атлантический океан. Гольфштром, — ответил я.

— И так — до самой России?

Мы тогда шли по набережной. Был предвесенний, какой-то шелковый день. У моста прохожие рвали из рук газетчика газеты; мы шли мимо широкой, длинной баржи, привезшей щебень с верховьев Сены. На барже жили люди бедно и весело, сушили белье, качали детей, пили, бранились, брились. Она никогда не взглянула в их сторону, никогда не задумалась над тем, что вообще происходит в мире, как в нем люди живут. Театр, школа, кафе, полицейский участок — возможно, что она даже толком не знает, зачем все это, чем держится, и люди ей кажутся, и я в том числе, вечно взволнованными, сложными и совершенно зряшными существами.

И вот я вышел от нее почти счастливым, послав к черту и самого себя, и два года этой любви, и ее, слабенькую, тихую, равнодушную и милую. Дул ветер. На площади высокий фонтан брызнул мне в лицо. Было уже поздно. Я старался не вспоминать последние дни, я запретил себе думать о моих с

39

ней ссорах. И на память мне все приходило одно давнее удивительное воспоминание: день нашего с ней знакомства, жаркий, летний день, сосновый лес; у чьей-то калитки она пьет ледяную ключевую воду из горячего, нагретого солнцем, стакана. Упавшая со лба прядь ее волос плавает в воде. Она ей не мешает.

Мне бы понять тогда, что вот эта сонная лень, с которой она пьет и потом откидывает мокрые волосы, не спроста, что вся она в этом, — умеет только слепо смотреть и глухо слушать, и вовсе не умеет размышлять. Но я решил, что это только внешность, что на самом деле ее можно приручить, как всякую другую, заставить смотреть в глаза, заставить слушать.

Разговоров об ее отъезде в последний месяц, впрочем, было довольно мало. «Я уезжаю, — сказала она мне еще в Феврале. — Надо же когда-нибудь уехать!»

Зачем? Куда? К кому? Я говорил долгими вечерами, сперва сердился, потом издевался над ней, потом умолял. Она сидела на диване, теребила и целовала щенка. Он лизал ее в нос, тыльной стороной руки она вытирала лицо и потом руку о платье. И нельзя было сказать, о чем ее мысли, есть ли они у нее? На середине моей патетической речи (продолжавшейся четвертый вечер) она вдруг встала и пошла.

— Куда вы? Куда?

— Никуда. Я письма вам показать хочу.

Письма были от сестры, писавшей нечасто, и по ним никак нельзя было понять, ждут ее или не ждут? «Тебе виднее, — писала сестра, — мы не уговариваем. Обдумай все хорошенько, реши...» Муж сестры — известный астроном; недавно звезду открыл, просит привезти ему теплое нижнее белье. Сын сестры хочет быть полярным исследователем. Огорчает родителей тем, что раз в месяц уши моет. Ему бы хорошо привезти новые сапоги. «Все обсуди, все взвесь. Не беру на себя ответственность тебя уговаривать и тебе советовать. С одной стороны... с другой стороны... И помни, что обратно уехать нельзя будет».

— Сядьте, сядьте, — закричал я тогда, — я вам что-то скажу, что вас убедит, что вас совершенно сразит...

Но она опять отошла в угол, к комоду, мурлыча каким-то необъяснимым образом дошедшую до нее советскую кабацкую песню «Стаканчики граненые», достала два пакета: в одном были детские сапоги, в другом — две пары шерстяных подштанников.

И после того, в течение нескольких недель, мы почти об этом не говорили.

Но вчера я потерял терпение, потому что, недопив чаю, молча, она влезла на стул, сняла со шкапа чемодан и начала вытирать с него пыль, словно меня тут и не было. У нее смешные русские привычки: на шкафу хранятся чемодан и картонки, сумку на ночь она кладет под изголовье, вечером моется холодной водой.

— Сегодня я была в консульстве, — сказала она, — справила все бумаги.

В груди у меня что-то захрипело, когда я сказал:

— Вам там придется с ними тремя в одной комнате жить.

— А? Что?

— Я говорю, — и вдруг я понял, что безнадежно все, что говорить не о чем, что она уедет.

Она молча разложила на столе новенький паспорт, деньги, накопленные на билет.

— Жизнь — зыбучий песок, и всякая прочность противоестественна.

41

Это, может быть, были ее первые связные слова за всю нашу любовь. А в лице ее была безмятежность, граничившая со счастьем.

Я вдруг онемел. Мое постоянное красноречие меня оставило. Пик обнюхивал чемодан, грыз ремень, прыгал, валялся в пыльной тряпке. А в ней была такая уверенность, что все, что она делает — хорошо и правильно, что я начал ужасаться, глядя на нее.

— Поеду, посмотрю. Там тоже люди живут. Пика с собой возьму.

— Вам, кажется, писали, — поедете, так уж навсегда, — голос у меня был обыкновенный, но мой вид меня выдал.

— Да что вы волнуетесь, смешной человек? Я, может быть, еще и не уеду, — и она уставилась в сторону своими прозрачными глазами, будто мгновенно забыв обо всем.

Тут я встал, отшвырнул Пика, потянул крепко за скатерть, потом опомнился, пошел.

Сегодня был спокойный, одинокий день.

* * *

Ну вот, я воротил ее с вокзала. Она не уехала. Днем пришло от нее письмо: «Поезд уходит в девять. Приходите проститься». Не помню в точности, как я поехал. Она стояла на перроне со щенком в руках, с чемоданом и каким-то просалившимся пакетиком. Шляпа ей совершенно не шла, но вид у нее был решительный.

Не знаю, что сделалось со мной. Меня охватила такая злость, что я слышал, как скрежещу зубами. Я схватил Пика, чемодан (кажется, пирожки она уронила). Я толкал ее в спину, к выходу. «Дура, — сказал я кажется, или только подумал, —

Боже, какая вы дура!» И толкая ее, и ругая, и ломая ей руки так, что она от боли даже поскрипывала, стал просить ее быть моей женой. «Пустите! Пропадет плацкарта», — сказала она.

Мы поехали с ней. Я сжимал и целовал ее руки, и говорил ей что-то; она с удивлением смотрела на меня и видела мои слезы. Потом в ней дрогнуло что-то, она погладила меня по лицу, а когда, мы вышли из такси, тихо попросила погулять немножко с Пиком, пока она войдет и все объяснит хозяевам.

Она снимает комнату у людей простых, хоть и не совсем обыкновенных. Сам хозяин квартиры слеп, и уже слепым, женился, еще красивым и не старым человеком, на толстой, страшной на вид, но добрейшей и нежнейшей старухе, которая любит его без памяти и иногда носит его из одной комнаты в другую на руках. Странные люди! Когда я вошел, они поздоровались со мной, будто ничего не случилось, и предложили посидеть у них, потому что «у барышни уж больно неприглядно стало». Я только заглянул туда: белье с постели уже было снято и одеяло сложено, и все, что должно было остаться здесь и ей не принадлежало, — ненужные, отслужившие свой век предметы, и полосатый тик подушки, все разом мелькнуло у меня в глазах.

— Как здесь у вас хорошо! Правда, хорошо? — восклицал я, и она отвечала: «Очень хорошо».

— Ну, теперь я научу вас, что делать. Довольно быть легкомысленной.

Она звонко рассмеялась:

— И Пика научите?

— Ему не нужно.

— И Александра Семеныча? — Это слепой.

— Он ощупью живет, ему тоже не надо.

43

Она утихла. Кажется, неясно взглянула на меня и утихла.

Сейчас час ночи. Я только что вернулся. Она проводила меня до самого дома и одна пошла назад, ни за что не позволив мне вернуться с нею. Она была мила и так близка, что мне иногда казалось, что она только по привычке недослушивает, переспрашивает и смотрит в сторону, что на самом деле в этот вечер она начинает быть совсем со мной. Опять на площади — на полдороге — фонтан летел нам в лицо, и опять она спросила про ветер (откуда он и куда?). И я сказал:

— Хотите, сейчас пойдет дождик?

И действительно откуда-то забрызгал дождик. Мы переждали в подворотне.

— Хотите, он перестанет?

И дождик сейчас же перестал.

— А вот вам и месяц, — сказал я. Небо было в черных тучах, и вдруг по ним пошла катиться маленькая, круглая луна.

* * *

Вот как всё это было:

Я пришел в шестом часу. Александр Семенович, щупленький, необыкновенно аккуратный, открыл мне дверь и сейчас же догадался, что это я — бог знает, как это он делает! Живут же люди в такой тьме. Он дал мне войти и нащупал дверь в кухню.

— Мамочка! — (это он так жену называет) — господин Десятников пришел.

Жена вышла, с засученными рукавами, растрепанная, на громадном лице изобразила приветливость.

— Барышня уехала, — сказала она.

Из кухни в переднюю падал свет, там продолжала течь вода. Я молча стоял, не зная, что мне делать.

— Когда? — спросил я потому что молчание стало неловким, будто было не все равно, когда.

— Утром.

И я опять, необыкновенно деловито:

— Разве утром тоже есть поезд?

«Утром» — это значит, что сейчас ее не догонит даже ветер; утром — это значит, что мы здесь остались с нашим прекрасным городом, с нашей новенькой отстроенной Шампанью, с нашими пограничными кирпичными строеньицами, с немецкой границей и всем остальным.

«Вот значит как», сказал я себе и внезапно увидел в черноватом зеркале, что улыбаюсь несчастной улыбкой и никак не могу поправить лица. «Спасибо, Господи, что ты осчастливил меня: с младости научил всяким сложным вещам, а собачьего слепого чутья лишил. Это как если бы Пика, например, стали кормить рокфором».

— ... в столовую, — донеслось до меня.

Я не стал заходить ни в ее комнату, ни в их столовую; там, у нее, конечно все давно успели прибрать, но я никак не мог уйти, просто стыдно вспомнить, как я мешал им, все толкаясь в передней, потом все-таки вошел в какую-то дверь и сидел на всех стульях по очереди, видел в кухне как убрали с моих глаз старый Пикин матрасик. Было глупо спрашивать, не оставила ли она мне письма или записки: ведь у нее никогда не было ни бумаги, ни чернил. Когда я, наконец, собрался идти домой, пришли две молоденькие девушки, чем-то похожие на мою Валюшу. Им сказали, что Валюши здесь больше нет. Они рассердились ужасно, сказали, что она их сама звала сегодня вечером, что этого быть не может. Потом одна из них толкнула локтем другую и шепнула, даже не очень тихо:

— Смотри, это должно быть и есть ее Десятников. И другая ответила, почти громко:

— Должно быть он. И какой же он грустный!

1934

РАССКАЗ НЕ О ЛЮБВИ

В ту зиму, в тот беспокойный год, в южный русский город приехали столичные жители, сорвавшись со своих покойных мест, и сразу наполнили квартиры, магазины, театры и университет собой, своими женами, детьми и добротным, правда, наполовину порастрясенным добром. И не только в аудиториях сидели теперь петербургские и московские студенты, но и заезжие профессора появились на кафедрах; не только в городском театре все места на «Мечту любви» и в опереточном на «Сильву» были заранее распроданы всевозможным дотоле невиданным изящным господам и дамам, но и самую Сильву стала петь — вместо всему городу известной своим откровенным характером дивы — красивая, молодая и богатая особа, имевшая в Петербурге свою собственную конюшню. И в концертах, в небольшом поблеклом консерваторском зале, где еще год назад давала свой концерт барышня-пианистка, дочь местного банкира, теперь, разметав фалы фрака, сидел взлохмаченный, с лицом доброго бульдога, сам Лиманский, и публика слушала его, глядя в партитуру, и аплодировать стало модным только в самом конце.

Появился новый клуб, куда на бальные вечера допускалось лишь самое изысканное общество, да и то в масках, появился журнальчик «ревнителей красивой жизни», появилась какая-то «студия» — и что это слово значит, никто толком не знал, — и мамаши не сразу пустили туда своих дочек. Наконец, объявлен был вечер поэзии «будущников». Не будочников, а будущников. Публика валом повалила поглазеть на нелепицу, и хохоту было много. А в игорном доме на Николаевском проспекте кто-то просаживал привезенные керенки.

Марья Петровна ходила и на «Мечту любви», и на

Лиманского. Ей было всего восемнадцать лет, но вот уже два года, как все звали ее Марьей Петровной, потому что при ее огромном росте, толщине, громадной прическе и крупном шаге, как то неловко было называть ее Мурочкой или Манюсей. Она никогда не бывала в столицах, гимназию она только что кончила и теперь играла на виолончели часов по восьми в день, собираясь пойти по этой части. Играла она, впрочем, неплохо, читала хорошие книжки, соскучилась чрезвычайно на «Сильве», и была, что называется, отличной барышней.

Она пошла на Лиманского, и от волнения в антракте не могла выговорить ни одного слова. Ходила она всегда одна, потому что любила сосредоточиться. После концерта она выбежала на улицу, как пьяная, пока Лиманского выносили на руках из подъезда и сажали в сани, она успела погладить его рукав. Потом она долго смотрела вслед, кое-кто побежал по снегу. Но прошел трамвай. Она вернулась домой и в первый раз в жизни стала мечтать, как было бы чудно, если бы она, скажем, была кухаркой Лиманского, и могла слушать его каждый день.

Через неделю Лиманский проследовал на юг, и в городе появился Боссман, дирижер, с двумя любимыми учениками. С одним из них его, видимо, связывали не только музыка и дружба (и об этом заговорили вслух даже те, которые думали до сих пор, что такое бывало только в древней Греции), другой был Тимофеев. Марья Петровна бегала и на Боссмана, и два раза в студию, на какое-то «действо», и на вечер будущников. Дома же она по-прежнему играла на виолончели и читала хорошие книжки.

С Тимофеевым ее познакомили на вечере будущников. «Слушайте, — сказал ей кто-то из знакомых, — нет ли у вас свободной комнаты? Теперь все сдают, скоро начнут уплотнять, приезжим жить негде. Устройте Тимофеева, тем более, что у вас рояль. И посмотрите на него, какой он чистенький. Мама ваша будет довольна».

В это время на эстраде немолодая, некрасивая и скромная на вид женщина в каком-то чепце с бантом читала: «Если тебе суждено умереть, дай от тебя мне забеременеть». Часть публики ржала, другая тоскливо поглядывала по сторонам. Когда и второе отделение было кончено, Марья Петровна предложила Тимофееву переехать к ним. Ему дали гостиную. Он оказался очень аккуратным и нетребовательным. В первую неделю он почти не упражнялся, он писал. Потом, исписав не меньше ста листов нотной бумаги, он сел за рояль.

Теперь Марья Петровна почти никуда не ходила по вечерам. Она сидела за стеной и слушала. Она уже знала, что Тимофеев «страшно левый», что такие, как он, презирают и Лиманского, и его репертуар, что в Москве, на консерваторском экзамене, была из-за их жильца целая буря, что вообще его пока почти никто не признает, что сам Боссман иногда приходит от него в отчаяние.

Она слушала помногу, и подолгу думала о музыке Тимофеева, и вот настал такой вечер, такой странный час, когда она поняла ее. То, что до этого было лишь сумбуром звуков, сейчас стало ясным и убедительным. И Марье Петровне стало стыдно себя самой: ведь не умнее же она всех других? Но стыд прошел, она почувствовала уверенность, какую-то самоуверенность, радость, потом восторг. И до других ей уже не было дела.

— Вы ведь тоже, кажется, музыкантша? — спросил как-то Тимофеев, с вежливой улыбкой глядя на здоровенную, краснощекую девушку, которой впору было бы играть на контрабасе. Сам он был невысок и, несмотря на свои двадцать пять лет, совершенно лыс. Руки у него были огромные, жилистые, и в лице тоже почему-то было что-то лысое.

Его удивило прежде всего то, что она все понимает: что он ни скажет — она посмотрит серьезно, потом блеснет глазом, и вот ясно: она с ним. Это ему очень нравилось. В тот вечер она должна была пойти на вечеринку, надеть новое платье, но ему захотелось сыграть ей из только что написанного, и она осталась. Дверь его комнаты в столовую была открыта, в столовой сидели ее родители, тихонько пили чай и тоже слушали.

Он стал звать ее сразу после обеда, часов в восемь. Иногда они говорили, и тогда он садился в кресло, а она к роялю, положив щеку на пюпитр. Но чаще он играл, а она слушала. Иногда он вдруг делался веселым, придумывал что-нибудь, чтобы ее рассмешить, и она необыкновенно звонко и чисто смеялась. Ему не приходило в голову, что ее можно любить, что ее можно обнять, такие мысли никогда не приходили ему в голову, но он не мог пробыть без нее ни одного вечера, а днем все чаще просил ее выйти с ним погулять по Николаевскому, в снежных сумерках, в провинциальном шуме и суете.

Но приезжие, густой волной залившие город, потянулись дальше, а за ними — многие местные жители, кто был побогаче и понервней. Боссман снялся с места внезапно, инаканунe отъезда Тимофеев сказал Марье Петровне, что на прощание посвятил ей одну совсем коротенькую штучку. Он, конечно, думал, что уезжает ненадолго, что весь этот беспорядок скоро кончится, иначе не оставил бы двух чемоданов и кипу исписанных листов. Она обещала ему все сохранить в целости. «Ну, а если вы не вернетесь?» — спросила она, широко улыбаясь. — «То есть как же это?» — удивился он. Она подумала с минуту. «Ну, а если вы вернетесь таким знаменитым, таким знаменитым...» Он взял ее за руку. «Благодарю вас, сказал он, — я сохраню о вас самые лучшие воспоминания». — И он подумал, что она — сущая прелесть, потому что она, оказывается, верит в него.

Гостиная теперь стояла пустая. Чемоданы Тимофеева унесли на чердак. Марья Петровна иногда открывала рояль и разбирала оставленные рукописи. Она хорошо играла, но они были трудны и к тому же неразборчиво написаны. К ней приходили подруги и знакомые. Она говорила им: вот здесь жил Тимофеев... Кое-кто разражался сильнейшим негодованием, кое-кто из тех, кто молился в те годы Скрябину. Другие слушали равнодушно. Тимофеев не успел написать ей ни строчки, когда через две недели полоса боев переместилась так решительно и так резко, что провинциальный город, притихший и в три дня разоренный дотла, вдруг оказался отрезанным от всего остального мира.

Этот город, бывший когда-то губернским, увидел вещи неожиданные и странные. Топить было нечего и ездить из конца в конец не на чем. К весне людям стало нечего есть. Около года Марья Петровна играла в оркестре железнодорожного клуба, куда пристроил ее один, неравнодушный к ней инженер. Потом она поступила на службу — опять-таки с его помощью — в райпрофобр, и музыку вовсе пришлось бросить. На третий год она вышла замуж все за того же инженера, перестала служить, стала рожать, кормить, стирать.

Жила Марья Петровна все в том же небольшом доме с флигелем (в котором теперь помещались курсы ликбеза), только гостиной уже не было: там, в этой большой угловой комнате в четыре окна, жили теперь она, муж и двое детей. В остальной квартире, после смерти родителей, жило еще пять семейств. И единственное, что оставалось неизменным вокруг, это — воздух, это — небо весной, это — запах цветущей во дворе, еще живой, акации, медленное сползание крупных льдин с покатой панели в марте месяце, влажные стены домов после первой апрельской грозы, на которых таяли плакаты, афиши, стенгазеты.

ТИМОФЕЕВ

Большими буквами имя это было напечатано на серо-желтой бумаге, наклеенной прямо на забор, за которым дымилась и благоухала, обрызганная дождем акация. Мария Петровна, шедшая с рынка и державшая в одной руке крынку с молоком, а в другой потную руку младшей дочери, остановилась. Афиша была совсем свежая. Известный Тимофеев, известный в Европе и Америке, вздумал приехать в Россию. Билеты можно было получать там-то. Все это показалось удивительным, словно из сонной и печальной глуши, где жилось так трудно и так бессмысленно, возвели мост в какую-то благословенную лазурь, и вот по мосту спускается сюда кто-то... позвольте, я же знаю вас, я же вас помню, я же вас люблю!

— Ты знаешь, — сказала она мужу поздно вечером, — мы с тобой непременно поедем на будущей неделе в концерт, приехал Тимофеев, композитор, он у нас жил когда-то, он мне даже посвятил одну совсем коротенькую штучку...

И она вдруг так обрадовалась жизни, невесть чему. И она попробовала мечтать, что было бы, если бы... Но у нее не было этой привычки, и ничего не вышло.

Он приехал в Россию после длительных переговоров, начавшихся еще в Америке, и закончившихся в Париже. Ему разрешено было взять с собой валюту, автомобиль и восемь сундуков, он ехал с женой. В Москве его встречали с почетом, и в Киев он вылетел на аэроплане. С ним, кроме жены, был секретарь, англичанин, ведавший всеми его делами; в Москве же к нему был приставлен некто из Филармонии.

Он остановился в самой лучшей гостинице (впрочем довольно дрянной), когда-то называвшейся «Континенталь».

Ему в номер, из местного отделения Наробраза, сейчас же привезли концертный рояль Бехштейна. Обедал он у себя в номере, ночью не спал, капризничал, под утро впрыснул себе тайком от жены морфий и пролежал до полудня оглушенный. Днем к нему пришла депутация, спросить его мнение о советской музыке. Он сказал, что вся советская музыка вышла из одной его сюиты, так же, как современная западная музыка — из его ранних вещей.

Вечером в переполненном консерваторском зале состоялся его концерт.

Марье Петровне не было обидно, что вот было время, и на всем свете может быть никто, кроме нее, не понимал и не ценил Тимофеева, и даже Боссман боялся его, а она не боялась. Теперь его слушали, затаив дыхание, не только те, которые за последние годы его знали и играли, но и те, которые лишь неделю тому назад узнали о его существовании. Марья Петровна сидела в одном из задних рядов, приодетая в черное саржевое платье. Когда Тимофеев вышел на эстраду, что-то кольнуло ее, и боль продержалась некоторое время.

То, что он играл — и ей это было странно — почему-то мало трогало ее. Ей было не до музыки уже давно, может быть с того самого дня, как он уехал, словно все, что было в ней, он увез тогда с собой, ни в чем — боже упаси! — не виноватый. Это случилось само собой, никто из них этого не хотел, они ведь даже не были влюблены друг в друга. И если бы он помнил ее, он бы, конечно пришел к ней сегодня утром.

Она недаром когда-то была, что называется, отличной барышней: она не пошла за кулисы смотреть на Тимофеева в антракте (он полулежал в кресле, растопырив пальцы вытянутых рук, приветливая, суетливая жена никому не позволяла подходить к нему). Она сидела до самого конца и слушала очень внимательно, даже добросовестно, но она, по-видимому, кое к чему за эти годы охладела, и то сложное, что переливалось через край черного рояля, было ей чуждо. Она даже не задумалась над тем, обокрал ли ее кто в жизни, или она сама все раздала, или с самого начала у нее ничего не было.

1934

СООБЩНИКИ

— Когда придет господин Маслов, вы проведете его прямо в детскую, — сказал Лев Иванович, и Марина, кухарка, которая в этот вечер надела черное платье и белый передник, чтобы выглядеть горничной, ответила: «Слушаю, Лев Иванович».

— Вы отведете его к Андрюше, последите, когда он захочет уйти, и проводите его.

В гостиной уже сидел первый гость и слышался резкий, искусственный смех Лели.

Лев Иванович потрогал бутылки во льду, приподнял теплую салфетку над кулебякой, взглянул на нарезанного гуся. «Она не поняла, — подумал он, — кто этот господин Маслов и зачем придет. Но все равно!» В прихожей опять позвонили.

Но это был не он, ему еще было рано. Это пришли трое сразу: муж, жена и любовник, объявив, что встретились в лифте, а через минуту еще и еще, так, что то и дело возникавшие разговоры приходилось обрывать, жать руки, другие подносить к губам, улыбаться, пятиться и стараться отвечать впопад.

В эти первые полчаса Лев Иванович не успел ни разу взглянуть на Лелю, он только чувствовал, что она — ось, вокруг которой начинает вертеться этот вечер, который никак нельзя было отменить, несмотря на то, что третьего дня заболел Андрюша. Сегодня был доктор. Воспаление легких. «Знаешь, по-моему лучше перезвониться со всеми по телефону, отложить, — сказал утром Лев Иванович, — ему может к вечеру стать хуже». По Лелиному лицу сдержанно, почти тайно, прошел быстрый ужас: «Все заказано, люди званы за неделю... Когда еще мы добьемся Родовского! (Родовский был опереточный певец). А Андрюша мне дорог наверное больше, чем тебе». Андрюша был ее сын.

Лев Иванович промолчал. Это он пытался узнать — недостойно, недостойно, говорил он сам себе, — может ли Леля обойтись сегодня вечером без... он все забывал фамилию того человека, который с недавнего времени почти ежедневно ходит к ним и который так ему неприятен. Нет, значит она уже не может обойтись без него. Хорошо. Запомним. Когда-нибудь понадобится. Используем.

Днем, часам к четырем, у Андрюши резко поднялась температура; он лежал на спине, в компрессах, красный, взъерошенный, непохожий на себя. И особенно странно было видеть его маленькие руки, чистые и без чернильных пятен.

— Дядя Лева, — сказал он сипловато, — мне чего-то хочется.

— Лимонаду?

Андрюша не ответил и тоскливо посмотрел в сторону.

— Сегодня четверг?

— Да. Четверг.

Лев Иванович вдруг мгновенно решил, что надо сделать.

— Тебе будет сюрприз, — сказал он. — Вечером.

По четвергам Андрюша ходил к отцу. Но вошла Леля и они замолчали.

Леля положила длинную, худую руку ему на лоб.

— Пожалуйста не болей,— сказала она с обычной своей рассеянностью, — и постарайся уснуть. — И она поцеловала его.

Когда она ушла к парикмахеру, Лев Иванович позвонил

господину Маслову на службу. Раньше чем в половине десятого он придти не мог, у него была вечерняя работа. Но он два раза поблагодарил.

И вот теперь приходили гости. Этот новый с трудной фамилией, которую не мог вспомнить Лев Иванович, уже сидел подле Лели и рассказывал что-то веселое и вероятно лживое. В соседней комнате сели за карты. Родовский, громоздкий человек, приехавший почему-то во фраке, осторожно перекладывал под неустойчивым столиком свои чудовищные ноги. Женщины, сидевшие в светлых креслах, шушукались не то про него, не то про еще что-то. А Леля все смеялась неестественно и возбужденно, и казалось, что платье ее с глубоким вырезом сейчас соскользнет с плеча, с груди, что оно только чудом держится на ней, и никаких тайн уже ни от кого больше не будет.

Был теплый апрельский вечер, окна были открыты, и господин Маслов, подходя к дому, залюбовался на электрическую зелень цветущих каштанов, росших прямо в окна четвертого этажа. Поднявшись по лестнице, он позвонил. В эту самую минуту Родовский, поставив лаковый башмак на правую педаль, взял свой первый густой аккорд.

Мариша никогда не видала Маслова до этого, но она поняла сейчас же, что это не гость, что это человек, даже не подозревающий, что в доме званый вечер. Перед ней стоял еще не старый, но какой-то уж слишком старомодный господин: и высокий котелок, и пальто, скроенное в талию, и палка с набалдашником, были такого рода, какие давно отслужили приличным господам, какие по нынешним временам не во всяком магазине и купишь. Потрясенный бойкими куплетами и еще более бойким аккомпанементом, раздававшимися за стеклянной дверью, и нагроможденными в прихожей верхними вещами, господин Маслов силился однако сохранить в лице равнодушие, будто он ничуть не удивлен, будто он с самого начала все это предвидел.

— Вы к Андрюше? — спросила Мариша, и не подождав его ответа, и едва дав ему поставить палку в угол, повела его по коридору мимо ряда закрытых дверей. Он шел на цыпочках, держа в руках котелок. Волосы у него оказались седым ежиком.

Лев Иванович сознавал, что это первый, и может быть единственный, раз, когда у него будет возможность услышать, о чем разговаривают между собой Маслов и Андрюша. Он увидит их вместе, — это всегда казалось ему невероятным. Лев Иванович, сквозь музыку, шлепанье карт, какие-то вскрики и хохоты, слышал звонок, хлопанье двери, и понял, что пришло время, и господин Маслов проведен по коридору. Он встал, переставил пепельницы, протиснулся в столовую, а оттуда в спальню, где стоял запах духов, где было полутемно, куда в щель неплотно закрытой двери из детской падал оранжевый свет.

«Вот я подслушиваю, — тревожно думалось Льву Ивановичу, пока он напряженно тянулся ухом к голосу, очень тихо и неявственно говорившему что-то за дверью, — и я не стыжусь этого, потому что знаю наверное, что нет на свете человека, который бы когда-нибудь да не подслушивал. Как нет человека, который, хоть раз в жизни, дрожащими руками не составлял кусочки чужого разорванного письма».

В том, что доносилось из детской, не было ничего необыкновенного, и только Лев Иванович мог волноваться, слушая этот самый простой разговор:

— Когда же ты эдак простудился, душенька мой?

— Я, папочка, — хрипел Андрюша, — был здоров, здоров. Потом пришел доктор и приложил мне к спине такое ужасно холодное ухо, что я сразу простудился.

— Ну, не говори так много. Я тут тебе принес... Зашуршала бумага.

— Ну зачем ты! У меня все есть. Мне дядя Лева обещал, когда выздоровлю, подарить собаку.

Молчание.

— Если бы ты знал! Мама — ни за что, а он слово дал.

Молчание.

— А как ты думаешь?

— Лежи, лежи, не раскрывайся.

(Поцелуй. Какой-то вздох.)

— Болит что-нибудь?

— Болит все. Но ничего, не очень.

— Тебе ничего не нужно?

Шепот.

Лев Иванович с сильно бьющимся сердцем отошел к окну, приподнял штору и стал смотреть на улицу. Да, настоящая весна! Еще одна. Так уходит жизнь. И пусть!

— ...он обещал, какую захочу. Я думал — сенбернара, или дога датского. Который больше? Уж если он обещал, то надо как можно громаднее.

— Он тебя балует.

— Он меня любит. — Смешок, счастливый и короткий.

Тягостная минута.

— А ты его?

— Ох, очень! Ты знаешь, он все понимает, Федька и тот столько не понимает. Вечером, сказал, тебе будет сюрприз.

— Закройся, закройся! Разметался совсем. И не надо

столько болтать, у тебя и так, наверное, сорок температуры. Отменить гостей не могли, что ли?

— На это была причина... — смешок, кашель

— Какая?

— Мосье Робер де-Э-пре-мон-тань-виль.

Лев Иванович хрустнул пальцами, ему показалось, что он сейчас возьмет да и смахнет все флаконы с туалета. В детской стихло. Он осторожно передвинул ноги, едва не зацепил стул и вышел.

— Там кто-то ходит. Посмотри, кто там,— сказал Андрюша.

Маслов неуверенным шагом прошел в спальню. Ему хотелось войти зажечь свет, взглянуть на тень Лели, которая здесь живет, на зеркало, на кровать. Но и без того было ясно, что в комнате никого нет. Два света встречались на полу — из детской и из столовой. Накрытый стол был готов к ужину. Маслов увидел в его середине большую некрасивую серебряную вазу с фруктами, которая показалась ему знакомой.

И в эту минуту ему стало не по себе: он не струсил, он просто приготовился к тому, что его могут выпроводить отсюда. Он вернулся в детскую, еще и еще раз прижал к себе Андрюшу, как-то неловко и смущенно перекрестил его. В коридоре его встретила Мариша. Он зашаркал быстро, стараясь, чтобы она не увидела его взволнованного лица. У самой двери он вдруг вынул из кармана и подал ей монету в два франка, — по старой русской привычке вспомнив вдруг, что он в богатом доме, и что так принято было когда-то делать. Она поблагодарила и взяла.

И как хлопнула дверь, Лев Иванович тоже отлично слышал.

— Не пора ли нам,— возвысил он внезапно голос, — не

пора ли нам, господа, приступить наконец к более реальным удовольствиям? Лелинька, не выскажешься ли ты насчет ужина?

Все зашумели, загоготали, повставали со своих мест Леля блестя глазами, отводя свое колено от колена мосье Робера, встала и, задевая широким платьем мужчин, прошла в столовую.

— Пожалуйста, господа, — сказала она, и через минуту уже захлопали пробки, застучали вилки и ножи.

— Правда, что у вас болен сын? — спросила маленькая усатая гостья.

— У вас есть сын? — загремел Родовский, успевший положить себе в рот что-то горячее, черное, необыкновенно вкусное, которому названия он не знал.

— Очаровательный мальчик, — бархатно укрыл его голосом мосью Робер, — изумительный мальчик.

— Я, кстати, любящим оком взгляну, что он делает, — провозгласил Лев Иванович.

— Пойди, мой дорогой, — донеслось с Лелиной стороны. Нет, отменить этот вечер нельзя было, конечно, как невозможно было отменить этот день, обнажившийся под вчерашним календарным листиком, как нельзя было отменить всех когда-то сказанных слов и подступающих уже совсем близко событий. Как нельзя было отменить самого себя.

У Андрюшиной постели сидела Мариша и дремала, сложивши на коленях руки. Андрюша, розовый от жара, спал, рот его был раскрыт и сух. Лев Иванович постоял, посмотрел на него, нагнулся. Андрюша открыл сонные глаза, выпростал со вздохом правую руку из под одеяла. «Ну, как? Папа был?» — «Спасибо, дядя Лева». — «За что же спасибо? А маме ты лучше про это не говори». — «Ну конечно нет!»

И по тому, как он это сказал, и как поднял два пальца в знак клятвы, можно было понять: «Мы в таком деле друг друга понимаем, и баб мешать в такое дело нам нечего».

1934

СКАЗКА О ТРЁХ БРАТЬЯХ

Старший брат Дикера был художником, а младший — музыкантом. Оба живы и сейчас У первого — фотография на Ривьере; в сезон он выносит треножник к морю, в тень пальмы, снимает купальщиков в воде, в песке, на лету. Младший играет на балалайке в большом кафе на Бульварах, разодетый в сиреневый камзол и сафьяновые сапожки. Один был художником, другой — музыкантом. Так случилось.

У старшего — жена, и сын со странностями. Они ему помогают. У младшего семьи нет, но есть особа. Она иногда приходит в кафе, сидит и ждет его. Она тоже когда-то чему-то училась.

Лет двадцать пять тому назад было известно, что есть три Дикера: у старшего абсолютный глаз, у младшего — абсолютный слух, у среднего — абсолютный ум. И впереди мерцала жизнь, как черной ночью неведомый берег в огнях.

Средний брат, когда-то хорошо говоривший и даже что-то писавший, в семнадцатом году обнимавший и целовавший на Невском проспекте незнакомых людей, кончил тем, что лет десять тому назад приехал в Париж и сделал одно дельце, а затем купил за городом небольшой особняк, скромный, но комфортабельный. Он пробыл в нем все эти годы вполне спокойно, изредка задумываясь над тем, как именно в дальнейшем устроит он свою жизнь, и наконец решил особняк продать. Он решил уехать. Куда? Он и сам не знал. Он был один, время шло, жизнь шла и уходила. Будет он жить здесь или там, или попутешествует немного, — никого это не касается. Денег у него было достаточно, чтобы исполнять свои желания, которые были чрезвычайно... не то, чтобы скромны, а как-то уж очень редки и слабы. Денег было достаточно, чтобы все еще интересоваться возвышенными пустяками: политикой, человечеством, прогрессом. Иногда ему даже приходили туманные и грустные мысли о том, что он мог стать чем-то вроде трибуна народного, или барда, или, скажем, Совестью своей страны, да не вышло. Однажды, года два тому назад, приехал с юга старший брат, фотограф, высокий лысый господин в черном галстуке, с пальцами, выкрашенными в коричневую краску, и они пошли в то самое кафе, где играл младший. И от этих коричневых рук и сиреневого камзола нашла на среднего Дикера какая-то печальная злость. Он много выпил и оглянулся вдруг, пьяный, на собственную жизнь, на единственную, свою. «Да, — сказал он себе, — не сбылись абсолютные наши надежды, не сбылись». И почувствовал, что по необъяснимой, дикой неразумности своей, он все еще дорожит этой жизнью, все еще ждет чего-то от нее, когда давно пора успокоиться, как успокоились те двое.

Итак, он решил продать свой особняк с небольшим палисадником. Первому, пришедшему по объявлению, он сказал, что снял в Париже квартиру, и может быть еще женится. Второму он принялся говорить о Швейцарии, и что поедет туда года на два. Потом пришел молодой человек с матерью. «В любой день, — сказал он им, без всякого сожаления, идя по мокрой траве скучного палисадника, — вы можете въехать. Я переезжаю в гостиницу».

Но они не въехали, и прошел месяц, а особняк все еще не был продан. И тогда по второму объявлению появилось это семейство. В конце августа. Он запомнил этот день.

Стоя у окна в столовой и глядя на светлый дождь, средний Дикер увидел, как у калитки остановился автомобиль. Калитка никогда не запиралась. Три фигуры (или вернее, три зонтика) гуськом пошли к дому — одна побольше, другие две — поменьше. Дикер открыл дверь. Перед ним стоял господин с брюшком и бородкой и двое мальчиков.

— Не шуметь, — сказал господин строго, — зонты оставить на крыльце, ничего пальцами не хватать.

И так Дикер узнал, что они русские.

Он повел их по комнатам, в спальни второго этажа, вниз в кухню, где объяснил устройство прекрасной печи, из котла которой бежала горячая вода по всему дому. Спустились в погреб. Стройка была довоенная, погреб сухой и чистый. Вернулись в кабинет, посидели в креслах. И мальчики смирно стояли по правую и левую стороны папаши.

Он думал довольно долго, задал несколько вопросов, опять молчал, и в тишине слышалось только сопение мальчиков да бряцание чего-то в кармане господина Грачева, куда запустил он левую руку. И казалось, напряжение в его благодушном лице происходит не от упорной мысли, купить или не купить дом, а оттого, что он никак не может чего-то распутать. Так и было: он, наконец, вынул связку ключей и высвободил самый маленький, попавший в бородку большого ключа.

И все-таки, это были не шутки. Грачев еще раз прошелся по комнатам и по палисаднику, прежде чем уехать. Он сказал, что подумает. А вечером поздно, часу в десятом, он вернулся и привез задаток.

Теперь надо было Дикеру собираться. Здоровья он был прочного, возраста не старого, деньги у него на руках оказывались немалые, и был он свободен. Он мог выбрать Париж, Швейцарию, а может быть что-нибудь и подальше. Он мог быть один, или быть вдвоем с кем-нибудь, навеки, или скажем только на время, как заблагорассудится; он мог доставить себе много мелких удовольствий, или даже несколько крупных. Но желания двинуться с места у него не было.

Сожаления к проданному особняку не было тоже. Он даже с некоторым удовольствием думал об оформлении всего дела, которое было назначено через несколько дней. Он понимал, что таких особняков с мезонином, одним единственным, правда, пышным вязом перед крыльцом и размытой дождями клумбой, много, очень много на свете. Все это казалось в общем

65

чужим от рождения, и ничем не связывалось с ним. Никого отсюда не выносили хоронить, и никто здесь не родился, и сам он не стал здесь другим, разве что соскучился сверх всякой меры, и не по чему-нибудь особенному, а так. Когда он поехал в конце недели подписывать условие у нотариуса и получать деньги, ему стало даже весело при мысли, что он разделался с давно надоевшим обиталищем. А Грачев ударял мягким кулаком по мокрым гербовым маркам и затем вытирал кулак большим носовым платком.

Два дня после этого Дикер думал. Он шагал по комнатам долго, выходил иногда на двор, обходил вяз и клумбу, стоял у калитки, смотрел на улицу, по которой никто никогда не ездил и редко когда проходил. За углом была остановка автобуса, мелочная лавка с винной стойкой, оттуда иногда доносились голоса. Шел дождик, ленивый, летний, теплый, подгнивала калитка, ржавел замок. И, скрипя сумкой, тяжелыми сапогами, усталый, невеселый, проходил почтальон.

Он стоял так, когда от автобуса, шагая по лужам в башмаках на пуговицах, в короткой пестрой юбке и с платком на голове, пришла прислуга Грачевых. Она приехала убрать дом, и Дикер, у которого уже больше месяца никто не убирал (готовил он всегда сам), сейчас же ей обрадовался. В кухне нашлась щетка, тряпки, кусок марсельского мыла. А после завтрака явились два полотера, два орловских молодца, и не взирая на дождь протянули в палисаднике веревку и бойко выбили большой ковер.

В доме приятно запахло мастикой и молодцами. В доме была наведена к вечеру чистота, и Дикер почувствовал, что он здесь лишний.

Надо было собираться, но куда и зачем? Он сказал себе, что решит это завтра, но на завтра у него не оказалось времени: с утра прибыл рояль, потом опять приехала прислуга и привела с собой обойщика. Они что-то долго приколачивали в спальне; комната Дикера (которая должна была стать комнатой

66

мальчиков) тоже постепенно начала преображаться, и он даже не смел в нее войти. Часов в шесть, сообразив, что барин с утра ничего не ел, прислуга заварила яичницу с ветчиной и они оба вместе поужинали. Она рассказала ему, что барыня сегодня выписывается из больницы, где неделю тому назад родила третьего, машину купили недавно, а квартиру в Париже продали, потому что тесна была квартира, хоть и заплатили за нее не то восемнадцать, не то восемьдесят тысяч в свое время.

— Завтра будут, — сказала она, объявив, что остается ночевать, — а вы когда же очистите?

«Очистить» действительно надо было как можно скорее. И ночью, когда в доме опять стало тихо, Дикер стал собираться.

Оказалось, впрочем, что его собственных, кровных вещей в доме было чрезвычайно мало. Он только теперь заметил, что жил здесь, как если бы снимал номер в гостинице, — костюмы, белье, башмаки, пять-шесть книг, альбом марок, которые он недавно начал собирать, бритва, мыло в мыльнице. Посуда оставалась, оставались занавески; старые газеты можно было наконец выбросить. И куда это Грачев спешит? Ну подождал бы недельку-другую...

В ящике стола были какие-то письма, фотографии, след давнего романа, в который он пустился с некоторой ленцой, и который кончился оскорбительно для него. Не стоит вспоминать. Она была такая высокая, худенькая и курносая, ей было всего семнадцать лет, и надо было жениться, а это почему-то пугало его. Но сны о ней долго потом не давали ему покоя. И конечно снилось не ее обиженное лицо, не слова горячего негодования, которые она ему почти прокричала, а необыкновенной красоты и силы ее длинные ноги, и то, как он однажды увидел, как от колена бежит шелковая петля чулка.

Нет, к утру было не успеть освободиться от всего этого.

Он долго жег в камине содержимое пыльных ящиков. Потом напихал все, что было в шкапу, в два больших чемодана, посидел над ними в раздумье, в тишине этого чужого, всегда бывшего чужим дома, незаметно уснул, сидя на постели, а рано утром отнес чемоданы в одну из низких пустых комнат мезонина. «Я может быть еще нынче переночую», — сказал он утром смущенно, и прислуга, распахивая буфет и выгружая оттуда какие-то соусники в паутине, ответила: — «Как вам угодно».

Они приехали часов в двенадцать. Два грузовика привезли вещи: женщину, бледную, рыжеволосую, в широком синем дождевике под руки ввели в дом, — она быстро и жадно озиралась. Дикер не успел разглядеть ее, кто-то уже носился по лестнице, внизу, в детской, весело и звонко кричал ребенок, голос самого Грачева раздавался то тут, то там, дом внезапно наполнился людьми, шумом, новым воздухом, потому что немедленно были открыты все окна. Сквозняки загуляли по гостиной. И Дикéр, у которого от непривычной суматохи, впрочем, совершенно посторонней, билось сердце, то слушал у дверей, то смотрел в окно, и ему казалось удивительным, что есть еще на свете такая могучая, радостная, пчелиная или муравьиная в людях сила, а он-то думал, что давно все это кончилось, у всех, как у него.

— Представь себе, он до сих пор не уехал! — сказал Грачев жене, отпустив перевозчиков. И подняв крышку рояля он задумчиво сыграл ей одним пальцем первые два такта «Чижика».

Жена Грачева лежала на диване и только и думала о том, как бы ей незаметно вскочить и обежать дом. Она сердилась, что ей не позволили двигаться, и все рвалась куда-то идти и что-то передвигать.

— Господи, как ты меня мучаешь! — время от времени кричал Грачев, бегая весь в стружках туда и сюда, мимо нее, уже спустившей ноги с дивана. — Ты меня с ума сведешь!

И они целовались.

А мальчики устроили настоящий цирк внизу, у перил

68

лестницы, по которым съезжали вниз, падая друг на друга прямо туда, где кухарка и нянька потрошили сундук.

Дикер спустился вниз под вечер, когда по далекому звону посуды догадался, что в столовой обедают. Он сам пошел за такси. «Я хотел бы проститься», — сказал он прислуге, поймав ее в коридоре с миской в руках. Вышел Грачев. За воротник у него была заткнута салфетка.

— Простите, что задержался, — сказал Дикер, — но я был не совсем здоров.

— Ммммм, — сказал Грачев, дожёвывая что-то.

— Теперь разрешите проститься, — и Дикер подал руку.

— Ммммм, — сказал опять Грачев, как-то мучительно и нетерпеливо, но тут же вынул изо рта рыбную косточку, а остальное проглотил. После чего просиял.

Дикер поймал его руку и пожал ее.

— А у вас теперь три сына? — спросил он, и внезапно ему что-то вспомнилось. У кого-то тоже было три сына. Он не сразу вспомнил, у кого.

— Как же, три сына, — ответил Грачев. Подле автомобиля произошло замешательство с чемоданами, с дверцей.

— Послушайте! — вдруг крикнул Грачев, выбегая на крыльцо, и Дикер вздрогнул: неужели его позовут обедать... оставят... предложат ему...? Боже, как он потом стыдился этой мысли!

— Послушайте, хорошо ли тянет камин? Хорошо? Ну спасибочки! Это необходимо для домашнего уюта. Очаг. Необходимо.

И Дикер уехал. Куда? Не все ли равно? Важно, что он уехал.

1934

ПЕТЕРБУРГСКИЙ СУВЕНИР

Запутанные семейные связи К-овых были таковы: дедушка, известный русский художник, современник Поленова и Сурикова, умер лет двадцать тому назад. Бабушка жила в Петербурге на пенсии, вместе с сыном, Яковом Ивановичем, женатым вторым браком, и внуками. Внуки эти были частью от первого брака Якова Ивановича, частью от второго. Кроме того, у его теперешней жены от первого мужа, профессора Красной академии, были свои дети, в то время, как первая жена Якова Ивановича жила заграницей, в Бельгии, была замужем и, конечно, тоже имела потомство. Бабушка считала своими внуками и этих бельгийских детей, и детей профессора Красной академии. Но вот от воспаления легких в прошлом году умер Яков Иванович, и выяснилось с несомненностью, что бабушка в доме никак не будет приходиться новому мужу своей невестки (доктору), и что ему никак не будет приходиться Вася, младший сын Якова Ивановича от первого брака, оставшийся еще в семье. Бабушка пошла хлопотать. Было ей восемьдесят семь лет, последние двадцать пять лет она ничего себе не шила, и носила все те же три юбки (две нижние и одну верхнюю), которые когда-то купила, еще перед мировой войной, в Гостином дворе; суконная шуба ее была в больших заплатах, а на голове был намотан дырявый пензенский платок.

— Бабушка хлопотала и за себя, и за Васю, — говорила сидя в Брюсселе на восьмом этаже маленькой, в пестрых обоях, квартиры первая жена Якова Ивановича, Васина мать, а Гастон Гастонович, имевший во втором этаже того же дома контору, слушал ее, куря сигару и прохаживаясь по комнате. — И бабушка схлопотала Васе заграничный паспорт.

— И вы желаете, чтобы я его привез? — спросил Гастон

Гастонович. Что-то весело запрыгало у него в груди и глаза его увлажнились.

Гастон Гастонович носил длинные седые усы, атласные галстуки, и просторные костюмы, какие носят в Европе только два народа — бельгийцы и швейцарцы. Ежик на его голове был так густ и блестящ, что знакомые дамы иногда просили позволения его потрогать, и он с удовольствием, урча, наклонял голову и долго улыбался усами и глазами. Он прожил в Петербурге восемнадцать лет, был одним из директоров Бельгийских заводов, потерял капитал, вернул его в Бельгии и теперь отправлялся в путешествие на комфортабельном пароходе, в экскурсию «по северным столицам» — так назывался маршрут, по которому Гастон Гастонович решил проехаться.

— Теперь заметим, Мария Федоровна, я взял оригинальный ваканс, — сказал он, с аппетитом глядя на принесенную из кухни сковородку, и я превосходно вполне могу привезти вам вашего сына.

На сковородке что-то приятно шипело. Мария Федоровна одной рукой держала ее в воздухе, а в другой руке у нее была дымящаяся папироса в длинном мундштуке.

Там была его молодость, в этой беспокойной, всеми оставленной теперь стране. Там была его молодость, там жила когда-то Оленька, умершая от родов, жена его товарища по Бельгийским заводам, которой он так никогда и не сказал о своих чувствах — был сентиментален и робок. Туда поехал он когда-то молоденьким франтом, и стал бы непременно главным управляющим, если бы не пришлось бежать. Сначала он терпел, он слишком многое любил там. До двадцать первого года он терпел, бодро поедая со всеми вместе осьмушки кислого хлеба, пшено, турнепс. Потом уехал. И как же ему бывало скучно в первые месяцы в этой сытой, в этой удобной Европе, где можно было мыть руки когда хочется, и если потерял запонку — купить другую!

«По северным столицам». В плетеном кресле сидя на палубе он читал толстую книгу «Обучение полицейских собак. Том II. Убийства городские и сельские», изредка поглядывая в ту сторону, где молодая англичанка в брюках, похожая на что-то виденное в кино, окруженная мужчинами, дрессировала крошечную свою собачку. В Стокгольме, в ночном ресторане, куда их повезли, она была в бальном платье, и он протанцевал с ней один фокстрот, положив ей руку на голую лопатку. Рукав его смокинга до сих пор пахнет ее духами. В Риге, где старый город показался новее нового, она снялась с ним и попросила позволения потрогать его ежик. Гельсингфорс. Это там, где он поцеловал ей руку.

Утром вошли на буксирах в ленинградский порт. Все было голубое. Города не было, была вода: Нева, гавань, берега одного уровня с волной. Медленно просочилось наконец солнце в эту муть, в пар, снявшийся с земли постепенно, отошедший и вставший у Кронштадта. И вдруг обнаружился золотой шпиль, бледный и тонкий, и далекий купол забытого собора.

— Господа, — сказал капитан, — утром — прогулка по городу, после завтрака — Эрмитаж. Вечером — «Спящая красавица». Завтра — антирелигиозный музей и фарфоровый завод. При покупке сувениров обращаю ваше внимание на кустарные вещи Палеха. В театр прошу ни смокингов, ни вечерних платьев не надевать.

Сувениры покупались тут же, в порту, в нарочно для этого сооруженном бараке, где за деревянный портсигар и ситцевый головной платок Гастон Гастонович заплатил своими бельгами. Пахло морем, Антверпеном, ничем особенным, но что-то кричало в нем, глаза сморгнули слезу, когда синий длинный автокар повез их в город. Он так сел, чтобы видеть не англичанку, а улицы, дома, людей, и мысленно им говорить: «Вот я. Я вернулся немножко, пожалуйста. Я люблю вас. Ах, здравствуйте!»

Он никак не думал, — добрейший, спокойнейший — что

72

худенькая и другие будут его раздражать немножко своими замечаниями. «Черт возьми! — захотелось ему сказать, — это же вам не Копенгаген, не Стокгольм! «Красуйся, град Петров и продолжай стоять...» Это — особенный город», — но он сдержал себя и только смотрел на пустоватые, чистые улицы, на грязные дома (это сочетание было поразительно), на что-то бедное и такое рядом когда-то нарядное. Безногий нищий, на утюгах, под дождем, у бронзового сверкающего в этом дожде монумента — таков был образ этого города.

Дав на чай гиду, он остался в городе один, и один вернулся на пароход на троллейбусе. Ни на кого не глядя прошел в свою каюту. «Боже мой, — сказал он вслух, — этот Васильевский остров! Этот Средний проспект! Эта бабушка!» Он лег на койку, красный, сердитый, сжав кулаки, мотая головой влево и вправо, точно что-то мешало ему. Он никак не мог изничтожить в памяти то, что было перед глазами. Дом. Квартира. Мальчик. Женщина. Младенец, плакавший за занавеской. Кухонные запахи, и крик, и грохот этой жизни, которую он подсмотрел.

На следующий день, к вечеру, и бабушка, и Вася уже были в порту, когда синий автокар вернулся с фарфорового завода.

Надо сказать, что бабушка была вырезана из того старого, темного, крепкого и корявого русского дерева, из которого вот уже лет сто вырезаются русские старухи. В огромном кармане, вшитом в самую первую юбку и висевшем у нее под правым коленом, хранила она все необходимые для жизни, для смерти, для путешествия Васи и для своего с ним расставания бумаги: документ, подписанный очень высокой персоной (в свое время схлопотавшей бабушке пенсию), удостоверяющий, что именно она есть вдова знаменитого русского художника; другой документ, что Вася есть именно внук этого художника. Третий — о том, что ему разрешается выезд заграницу, к матери. Потом шли старые, желтые, мягкие как тряпки бумажки, и другие, новые, хрустящие, решительно на все случаи жизни: разрешение на общение с бельгийским подданным Ванбруком Гастоном; разрешение явиться в порт к отплытию бельгийского парохода «Леопольд», и наконец — короткое уведомление, что ей самой, такой-то, восьмидесяти семи лет, не разрешается покинуть пределы Советского союза.

Мальчик был выше нее на целую голову: он был толст, румян, спокоен; смотрел огромными железными очками. На нем была детская соломенная шляпа и грязные парусиновые туфли. «Ты, бабка, погляди, до чего у них все начищено, — говорил он басом, — а куда это у них лесенки ведут, а, бабка?»

Она стояла на берегу, держа в руках последнюю бумажку, пропуск из порта, без которого ее могли не впустить обратно в город, и, не мигая, смотрела зоркими, маленькими, красными глазами на сизое море, тающий день и уплывающий пароход. А близорукий мальчик, вытирая рукавом нос, и сильно им шумя, смотрел в тот же туман, но с обратной стороны, уплывая, и принимая за бабку то мешок, то бревно, то грузчика, шевелившегося на берегу И такое все было соленое, и глаза не могли никак удержать того, что текло.

— Уйдемте отсюда пожалуйста, — сказал Гастон Гастонович. Ему было стыдно, но совсем не Васи с его узелком перед всеми этими иностранцами, а иностранцев самих, потому что они рассуждали о балыке и фарфоре, ничего в них не понимая, о сувенирах, которые ведь ничего никому не напоминали, и не напомнят в будущем, кроме захода в этот чужой для них город, только в Гастоне Гастоновиче разбередившем какие-то неуместные, милые и грустные фантазии. Здесь жила Оленька. И будем думать, что она любила его, что то нежное чувство, которое жило в нем когда-то, имело плотность, получило хоть некоторый ответ, что Оленька была не чужой, но его, его, его женой, и умерла, рожая его ребенка.

— Такие есть книжки, — говорил Гастон Гастонович, чувствуя, что не умеет ни занять, ни рассмешить мальчика, отвернувшись в угол каюты, чтобы мальчик уже без стеснения мог переодеться в его теплые целые носки и новый свитер, —

такие есть картинки в них: мальчик, с оригинальным, как у вас, небольшим багажом, едет в чужую страну для своей судьбы, пожалуйста. Корабль. Море. Может быть — Америка...

Вася молча дышал за его спиной.

— Это Диккенс или Марк Твен, — выговорил он вдруг и сконфузился.

— Вот именно. Что-нибудь такое. Можно мне обернуться?

Глубоко внизу стучали машины, пароход шел и шел под тихую музыку, игравшую где-то в гостиных. Гастон Гастонович смотрел на мальчика и не знал, что ему сказать, что сделать, от непонятного, счастливого волнения.

— В сапожном магазине, — начал он, — куда мы с вами пойдем в Антверпене покупать башмаки, вам будет очень интересно: вам наденут обувь и поведут к аппарату, и там покажут скелет ваших пальцев, чтобы узнать правильно ли они лежат. Зажгут — чик-чик — и вы увидите кости.

Вася заметно испугался.

— Это совсем не страшно! — крикнул Гастон Гастонович, чувствуя, что больше не может говорить тихо, — я буду тут.... А потом мы пойдем кушать.

— Что? — спросил Вася быстро.

— Все. И сейчас нас тоже позовут обедать. А пока... Он схватил Васю за плечо. — Возьмите себе это.

И он сунул Васе в руку свое самопишущее перо.

Внутри него что-то пело на все голоса. Оленька могла родить ему сына. Где его платок? Ах, почему он не носит очков, в очках все это было бы не так заметно!

Вася пристально посмотрел на него, сглотнул что-то.

— Спасибо, господин — простите, не знаю вашего имени-отчества, — сказал он, — эта штучка наверное ужасно дорого стоит, — и он зажал перо в кулаке.

Но Гастон Гастонович не слышал его слов: внутри него уже гремело, как дубовой оркестр, и мешало сердцу стучать, как надо.

— Хотите бонбон? — спросил он с усилием, вынимая из кармана душистый леденец в бумажке.

— Я непременно еще раз поеду «по северным столицам», — говорил Гастон Гастонович своим клиентам (знакомых у него было мало, родственников не было). — Я слишком мало успел увидеть, два дня всего: водили нас в музей, повезли в балет. Показали фарфоровый завод... Кроме того, я был занят, у меня там было одно важное дело. Я хочу непременно еще раз, и без всякого дела, и ничего не осматривать, просто так, для удовольствия собственного, пожалуйста, ведь я не турист, я знаете, еду туда, как к себе домой немножко. У меня там даже есть одна знакомая дама, вдова известного русского художника, современника Поленова и Сурикова, очень интересный человек. И вообще, знаете, это такая страна, в которую время от времени необходимо возвращаться...

1937

ЕГО СУПРУГА

Обыкновенно он приезжал раз в год, в декабре, видимо по делам, но старался захватить и праздники, так что рождество у нас было полно подарков, а Новый год, пьяно и шумно встреченный, становился нашим с ним прощаньем. Выспавшись, оправившись от десятичасовой гульбы числа второго-третьего мы узнавали, что он отбыл. Писем он не писал; вспоминали его до конца месяца, а потом имя его приходило на ум все реже. Весной и летом о самом его существовании казалось невозможно было помыслить. К ноябрю, когда возникал первый намек на приближающиеся святки, кто-нибудь из нас говорил:

— А что же, господа, Осип Иванович? Вот бы хорошо, если бы к рождеству появился Осип Иванович!

И ему отвечали:

— Ну, конечно, он непременно будет опять, наш дорогой Осип Иванович.

Он появлялся, предупреждая о себе почтой и телефоном. «Я опять здесь, ура! Ура!» — писал он в открытке, взятой из его коллекции и изображавшей либо «Подвиг городового Тяпкина 8 ноября 1868 года», кисти Н. Сверчкова, либо «Доверие Александра Македонского к врачу Филиппу во время болезни», кисти Семирадского. Он звонил Надежде Николаевне и спрашивал про Александру Ивановну, Мартына Петровича, Аполлоновых, Яшу Фестмана; потом звонил Александре Ивановне и спрашивал про Надежду Николаевну, Мартына Петровича, Аполлоновых, Мишу Фестмана. В то же утро он добивался Яшу на службе, и спрашивал его про Надежду Николаевну, Александру Ивановну, Аполлоновых, потом звонил Аполлоновым, и так далее. Все узнав перекрестным допросом, он приходил, и веселиться собирались все, рассаживались вокруг стола, разбирали чашки чая и замирали с улыбкой восторга на лице.

С ним в жизни, вероятно, случалось не больше происшествий, чем со всеми нами. Но в то время, как у каждого из нас, так сказать, в саду его жизни росли обыкновенные экземпляры, он умел выращивать из тех же семян нечто такое махровое и яркое, что должно было бы, по справедливости, носить его имя, как абрикос ван Демена или черешня Эльтона.

— Ах, Осип Иванович, Осип Иванович, — восклицали дамы, — ах, дорогой наш Осип Иванович, как бесконечно интересно, как необычайно оригинально все, что вы нам рассказываете!

И действительно — черт его знает откуда брал он свои рассказы. Все что он говорил, делал, чем в жизни был, носило в себе отпечаток чего-то особенного. Найдутся люди, которые скажут (с таким видом, будто проглотили лимон), что все это недорого стоит, все эти беседы за чайным столом, за — как его? — самоваром, что если ахают дамы, то это всегда подозрительно, что этот Осип Иванович просто болтун, самовлюбленный господин, что «человека» он, например, может и не заметить, что — и так далее. Конечно, в этом суждении будет доля правды, хотя бы уже потому, что Осип Иванович любил себя слушать, обожал дамское общество и хоровое пение. Но я должен предупредить, что Осип Иванович отнюдь не был ни адвокатом, ни общественным деятелем. Он... впрочем, я в точности не знаю, кем он был.

Впечатление производил он человека весьма образованного и собой красивого. В сравнении со всеми нами, он был богат. Ему одно время принадлежала гостиница в каком-то курорте (где он сам никогда не жил), потом там же — игорный дом. Одно время в Берлине он купил кинематограф, и никогда в Берлине не бывав, владел им. В Лондоне, где он жил, была у него контора, он покупал и продавал товары, никогда их не видя.

Елку зажигали в сочельник, у Аполлоновых, и под елку клал он свои подарки. В перевязанных ленточкой пакетах непременно находились две-три пепельницы, окантованная картинка на английский сюжет, седьмой или семнадцатый том Диккенса, пара вязаных перчаток и какая-нибудь кружевная штучка для хозяйки дома, из ирландских кружев, причем и она, и мы все сначала принимали штучку за что-то, что можно было надеть на себя, и только потом, при общем смехе, оказывалось, что надеть ее на себя нельзя, а можно подстелить на стол под какую-нибудь тарелочку.

Свечи горели. Пахло вкусно тем русско-немецким детским духом, который всегда идет от елки, и которым мы дышим один раз в год, и то только ради детей и гостей. Осип Иванович, в чудно скроенном костюме, дивном галстуке, выбритый до дымчатой матовости и приглаженный на прямой пробор, с алчным любопытством вскрывал преподнесенную ему всеми нами коробочку. Там находился каждый раз какой-нибудь предмет, так или иначе связанный с путешествием, намек, что Осип Иванович скоро нас покинет: перочинный ножик в кожаном чехле, кожаный футляр с крючками для ключей, сафьяновый конверт для железнодорожного билета. Осип Иванович на мгновение замирал от восторга, потом вскрикивал, целовал нас, целовал дам, хлопал хлопушкой и непременно что-нибудь вспоминал по поводу обнаружившейся вещицы.

После ужина, шампанского, догоревших свеч и бесконечных историй мы принимались за нашу любимую игру. Научил нас ей Осип Иванович, и он же бывал «судьей», потому что судьей должен был быть человек очень много знающий. В первый раз мы взяли в действующие лица самих себя, затем брали знакомых, брали родственников, сослуживцев, словом уславливаясь заранее, брали, кого хотели, вернее имена и отчества их, причем игра состояла в том, чтобы найти литературного героя с тем же именем и отчеством, за что ставились баллы. Никому при этом не возбранялось брать с полки классиков и рыться в них. Время, однако, засчитывалось строго.

И так постепенно выяснилось, что Надежда Николаевна была из Гаршина, а Александрой Ивановной звали старшую дочь генерала Епанчина в «Идиоте», Мартын Петрович был «Степной король Лир», а господин и госпожа Аполлоновы вместе трогательно попали к нам со страниц «Гранатового браслета». Сам Осип Иванович говорил, что находится где-то у Мамина-Сибиряка, но что он забыл, где именно. Помню, мы несколько часов рылись в пыли приложений к «Ниве», но так ничего и не нашли.

К часу ночи усталые, потные от умственных усилий, с блуждающим взглядом, мы поникали, и только изредка кто-нибудь еще хлопал себя по лбу, вскакивал и бежал к полкам.

— Был такой... Как его?.. Этот, который написал,— но попадались все какие-то Мавры и Макриды, Африканы, Кифы и Акакии.

Незаметно щеточкой пригладив по обеим сторонам лба черные свои пряди, Осип Иванович приступал к последней части вечера, уже давно перешедшего в ночь, и принимался за анекдоты. Мы снова окружали его. Анекдоты были архиерейские, еврейские, армянские, советские, солдатские и шотландские. Мы ложились головами на стол, всхлипывая, валились со стульев, падали друг на друга, дамы кричали, стонали, кудахтали, просили обождать, просили дать им носовой платок из сумочки. Осип Иванович бил без промаха, не переставая, сам не хохотал, а только улыбался нашему веселью.

— Подождите, я запишу! — кричала «из Гаршина».

— Все равно забудете, — рыдая махал руками Король Лир.

— Я пошлю Сонечке в Ниццу, она обожает. Дайте карандаш.

— Сонечке Мармеладовой или Сонечке из «Войны и мира»?

— Или Сонечке из последнего романа генерала Чегодаева?

— Да нет же, Сонечке из повести Прикатинцевой!

— Ах, замолчите, замолчите же наконец, голубчики! Осип Иванович еще что-то хочет рассказать.

Часа в три ночи Осип Иванович обыкновенно шел звонить по телефону в отель, узнать, спит ли жена. Возвращался он от телефона улыбаясь нежно и грустно: не спит, ждет. Надо ехать. Мы выводили гурьбой в переднюю, внезапно стихнув, подавали ему шубу, шляпу, трость. Он говорил на прощанье еще что-нибудь залихватское, эдакое, в самую точку, чего обыкновенный человек никогда не сказал бы, широко жал нам руки, а иных целовал, и уходил. И тогда мы тут же, в передней, присев кто на чем, долго и глупо старались догадаться, какая у него жена.

— Быть женой такого человека! — говорила одна из наших дам, — да он подавит, совершенно подавит, раздавит. С ним и умница покажется дурой. Она права, что нигде не появляется.

— Ничего подобного! — говорила другая, — она верно просто не нашего круга. Гении очень любят жениться на кухарках. Он держит ее для удобства. Женщин он может иметь каких угодно, сколько угодно. А дома что-то такое бессловесное, кроткое... Я его понимаю.

— И все-таки это странно, женат пятнадцать лет и никому ее до сих пор не показал, — говорил Аполлонов, — вдруг она красавица и он ее от ревности прячет? Или вдруг она ненормальная?

— А вдруг, господа, у него вообще никакой жены нет?

81

Но на следующий день все эти домыслы бывали забыты. Помню, в последний свой приезд он явился однажды утром и объявил, что внизу ждет автомобиль, согласный везти нас всех восьмерых куда-то за город, осматривать какую-то крепость. Вечером мы отправились в театр, а на следующий день он внезапно уехал. В отеле на наш вопрос ответили, что господин был вызван телеграммой и выехал утренним поездом.

Его супругу мы имели честь увидеть в первый (и последний раз) спустя месяц после его кончины. Он умер внезапно не то в Ливерпуле, не то в Манчестере, где собирался сделать какое-то дело, купив торговый пароход и перестраховав его. Он был разорен и мечтал как-нибудь выпутаться, но выпутался самым безнадежным способом. Она же прибыла в Париж месяц спустя.

Мы собрали между собой сотню франков и отправились к ней, узнав, что она остановилась в скромной гостинице, на левом берегу Сены, я и Фестман. Аполлоновы с тремя детьми ожидали нас на углу, в кафе, на всякий случай, если понадобится помощь.

Мы хотели сказать ей так: мы, друзья и почитатели Осипа Ивановича, узнав о случившемся с ней несчастье, собрали эту скромную сумму дабы свидетельствовать ей наше уважение, ибо она вероятно нуждается. Мы готовы сделать все от нас зависящее, чтобы найти ей работу, мы можем даже, если нужно, схлопотать ей пальто.

В приемной комнате отеля на камине лежали ракушки из которых улитки были давно съедены, на окнах и креслах висели какие-то сети, вышивание прелестной женской ручки. В полумраке открылась дверь и вошла довольно высокая темноволосая, скорее полная, чем худая, женщина, в бархатном платье, отделанном кружевами, маленькая сильная руки крепко поздоровалась с нами.

— Мне очень приятно видеть вас, ведь Осип Иванович

очень любил, кажется, своих парижских друзей? — сказала она, и этот голос не приблизил ее к нам, а отдалил ее от нас, а воздух вдруг заволокло духами. Мы в Париже проездом. Алеша! — позвала она, — с Алешей мы живем в Риме, он учится там живописи. — Вошел молодой человек с симпатичным лицом и белыми сплошными зубами.

— Аполлоновы тоже сочли бы за счастье быть представленными, — начал я.

— Очень будет приятно. Когда-нибудь в другой раз. Мы здесь не на долго. Алеша любит верховую езду, и в Риме он каждый день упражняется, и Парижа он не любит. Но главное для него — живопись. Осип Иванович живописи не любил и не понимал, он любил только копии, и в музыке — духовой оркестр. В Европе его цельную натуру не все как будто оценили.

Молчание. Она улыбнулась.

— Он ведь каждую Пасху к вам приезжал? Он вас очень любил. А теперь простите, нам с Алешей надо выйти. Правда, Алеша?

Алеша поклонился и слегка шаркнул ногой. Мне показалось, что в нем есть что-то военное.

— О, да, мадам, — вдруг сказал Яша Фестман, — и нам тоже.

Она опять улыбнулась, но на этот раз снисходительно:

— Меня зовут Анна Аркадьевна, — сказала она и встала, и поправила один из темный завитков, выбившихся из прически.

Потолкавшись между кресел мы ушли.

Аполлоновым и остальным мы роздали собранные деньги и долго потом гуляли вдвоем по улицам, в каком-то тумане —

где живые и мертвые, настоящие и придуманные люди гуляли с нами вместе.

1937

КРЫМСКАЯ ЭЛЕГИЯ

В Негорелом стояли долго. Была ночь.

«Надо было лететь, лететь до самого Тушина. Как все это долго!» — думала Юлия Болеславовна З., всматриваясь в черное окно, ища под фонарями, в теплом июльском дожде, русских таможенников, и волнуясь. Чемоданы она отперла, приготовила паспорт и вышла в коридор вагона, где было свежо и где слышалась французская речь. Это молодой дипломат с женой ехал из Парижа в Москву. «Верь моему нюху, говорил он весело, она пахнет хорошо, но не Парижем. Это — Вена, это — Будапешт, Варшава, Румыния, — что хочешь». Юлия по-французски не понимала, и не догадывалась, что говорят о ней.

Она положила свои полные руки на ребро спущенного окна, смотрела пристально в дождь и как бы видела себя обратно: из этой черноты в яркой раме вагона. В одной газетной рецензии недавно (по поводу возобновления «Севильского цирюльника») было написано, что она становится «все тяжелее и прекраснее». О чем вы хлопочете? — сказал ей доктор, все Розины, Маргариты и Джульетты толстеют к сорока годам.

Корсет на ее теле оставлял красные полосы; когда она взбегала по картонным ступеням искусственной луной освещенного Веронского балкона, она задыхалась; первый тенор, милый, верный, давний друг, однажды пошутил, сказав, что в сцене объятия в «Фаусте» она боковым ложам кажется и шире, и выше него. И хотя соперниц у нее не было, и даже далеко впереди не было их, потому что в консерватории вовсе не слыхать было колоратурные сопрано, ее беспокоило то, что она становится рыхлой, капризной и скучной.

Доктора, по ее мнению, не понимали ничего. Она обошла их всех в городе и вернулась к первому, знавшему ее уже лет пятнадцать.

— Пани, где вы родились? — спросил он внимательно на нее глядя.

— Далеко, доктор. В России. В Крыму, зачем вам?

— Новейшая теория: вернуться туда, откуда вы. Никаких болезней у вас нет. Но нервы... Поезжайте в Крым. Чудный климат. Вы поправитесь, пани, человек должен когда-нибудь возвращаться на свой огород, как всякая овощ.

— Но позволите, когда же овощ?.. Я хотела ехать в Мариенбад.

— Не надо Мариенбада, пани. Поезжайте в Крым. Ведь вам не опасно? И вы сделаете такую моду!

Она не сделала моды. Но страшно ей не было, и прежде всего потому, что она была ужасно левая: муж ее был левый депутат в сейме, и в доме ее бывала вся оппозиция. Бывал между прочим и толстенький полпред с супругой, тоже толстенькой, и певшей по-московски. Только было немножко смешно ехать за границу — не за ту, а за эту.

Так она стояла в вагоне, пока французский голос за ее плечом разбирал ее прическу, платье, туфли, — такое все скромное, серенькое с синим, у себя казавшимся последним криком, в Крыму оказавшееся неслыханной роскошью. Наконец, пришла власть: курносые, веснущатые лица, бритые головы, дегтем смазанные сапоги. Она дрожащим от радости голосом поговорила по-русски: до семнадцати лет она прожила в России.

Семнадцати лет в семнадцатом году, выхлопотав польские бумаги, с отцом инженером на линии и двумя маленькими братьями, она уехала, и с тех пор прошла, в сущности, вся жизнь, — безоблачная, полная трудов и успехов.

Теперь она смотрела в окно русского поезда, ничего не было видно, был мрак июльской ночи, но в этом мраке представлялся ей горизонт ширины необъятной, уже какой-то не европейский, жесткий, прямой горизонт. Она задремала, а когда открыла глаза, телеграфные провода в белом густом небе то взлетали, то падали вниз, и стучало в колесах какое-то русское стихотворение.

Это из детства. И она глубоко вздохнула, слушая и вспоминая. Припомнился ситцевые передник, который повязывала ей мать (а соседские дети кричали ей вслед: католичка в фартучке). Припомнились огромные, тяжелые яблоки, которые привозил отец из поездок, и ночи, когда мать, озабоченная и счастливая, ждала его. Встала в мыслях во весь свой сверхъестественный рост Божья Матерь из розового гипса, в голубом плаще, в глубине костела, куда ее девочкой водили, и где она до последнего дня пела с органом.

Она опять пожалела о тушинском аэродроме на московском вокзале, где с большим трудом добилась носильщика и извозчика, повезшего ее через весь город на станцию Курской железной дороги. Москву она откладывала на потом, на «после Крыма»: музеи, и мавзолей, образцовые рабочие дома и посещение Неждановой, которая все еще была жива, и к которой у нее было письмо.

Скорый Москва — Симферополь отошел под вечер и она, покуда еще он стоял, успела поговорить бойко, хотя и не совсем правильно, с двумя соседками, а в пути, таком длинном-длинном, дать им снять выкройки со своих панталон и лифчика. Последняя ночь была лунная, чистая. В южном прозрачном серебре плавился полный месяц. Там, за текущей вдоль поезда степью, за холмами, лесами и реками начиналась совсем новая, теплая, морская страна.

На что она была похожа? Если вспомнить... Сейчас же от вокзала начиналась бойкая торговая улица, потом шла аллея, Бульвар; дамы с кружевными зонтиками, лимонад в киоске, собакам и нижним чинам вход воспрещен. Дальше шли благородные кварталы: их дом, женская гимназия с правами, костел, управление железной дороги, лавки, где ей покупали шотландку на юбку и тарлатан для кукол. На всех углах жили какие-то Раечки, Манечки, Ниночки, с которыми она дружила и секретничала. Влево от вокзала сбегал по горбатым переулкам греческий и татарский городок. И все вместе окружало своим шепотом синее-синее, теплое, огромное, всегда шепчущее море, полное тогда турецких миноносок, и нельзя было зажигать огней на берегу.

— А вот это я в «Ромео», — говорила она соседками, вынимая из саквояжа открытки, — а саквояж этот стоит на ваши деньги... сейчас сосчитаю... А это модный губной карандаш... Да возьмите его себе, если нравится!

Было ранее утро, когда она сошла с поезда. Татарчонок, похожий на Мустафу из «Путевки в жизнь», снес ее вещи в «санаторий для ответственных работников», в котором останавливались интуристы. Это было пятиэтажное с плоской крышей белое здание, в пальмах и кактусах, где ей отвели номер (пополам с уже жившей там мужеподобной старухой). Она села на постель, отдышалась, потом умылась, повязала голову шарфом, надела на ноги сандалии, и ушла.

Москву — потом, на обратном пути, и санаторий этот — тоже потом, завтра, скажем, и даже номер свой — будет еще время рассмотреть. Она что-то спутала и не сразу попала на широкую пыльную окраинную улицу, спускавшуюся к кладбищу. Дома были такие ветхие, крошечные, и деревья игрушечные, пыльные, совсем не совпадали с теми, в памяти. Там все оставалось таким пышным, широким и грустным, черный катафалк и клячи, в перьях. Она шла долго, становилось все жарче. Дома сменились заборами. У чьих-то ворот она подала гривенник голому малышу. Наконец, в пыли, вдали, в уже начавшем дрожь и сверкание зное, мелькнули ворота.

Два кипариса возле монумента благодетелю, основавшему в городе костел, дорожка в белом цвету. Трава, трава, сквозь холмы, кресты и плиты, и ничего не найти, сколько ни отсчитывай шагов. Все пошатнулось, заросло и смешалось навеки. Ни роз, ни латыни над матерью, только кричат, поют, щебечут птицы... Какое ребячество было думать, что можно приказать здесь что-то выкопать и увезти с собой! Тут, если бы не эти птицы, слышно было бы как молятся мертвецы — кто Ченстоховской, кто Краковской...

Она вынула маленький батистовый платок, прочла «Отче наш», постояла немного. А на обратном пути уже не было проходу от голых, пузатых малышей, она раздала всю мелочь и решила написать отцу, что нашла все в полном порядке и даже посадила анютины глазки.

Дети проводили ее до города, до тех мест, где начинались мостовые и каменные дома. Она шла, куда глаза глядят, может быть ища Екатерининскую, бывшую Екатерининскую, там, в переулке, они жили. Но от проспекта отходили все какие-то Карла Маркса и Революции, и она свернула наугад, и вдруг узнала угол: в тупике, невероятно старый, осевший на фундамент, обнаживший свои темные каменные язвы, стоял костел.

«Так бывает во сне», — подумала она. Но она знала, что это была явь, потому что все было то, и вместе другое. На круглой площади рабочие в балахонах и тюбетейках рубили единственное дерево и оно кряхтело и не давалось, и так и не далось, пока она входила в маленькую отпертую дверь. В прозрачный, чистый зной пахнуло из под сводов (совсем низеньких, потому что она теперь была такой большой) сыростью и вечностью.

Из щербатой каменной чаши зачерпнула она воды. Шагу ее ответило эхо где-то в трубах органа. Все было пусто и глухо и только линючие, яркие бумажные розы гирляндой вились над престолом, спадали на черную бронзу каких-то предметов, которые она со свету не различила. Осторожно, боясь, что тут-то под ее ногами и рассыплятся эти черные ступени, она не спеша взошла на хоры и оттуда, со своего места, увидела розовую Мадонну, в голубом плаще, желтую женщину в серой хламиде, с разбитыми босыми ногами. Вот за выступом сейчас будет пюпитр. Тут она пела, когда не было колоратуры, ни даже обыкновенного сопрано, а так себе, детский, очень звонкий, совершенно неутомимый голос. И верно: стоял пюпитр и на нем лежали ноты. Она шевельнула переплеты, она узнала их, она потрогала «Ave Maria» Шуберта, положила на нее ладонь и надолго задумалась.

Внизу раздались легкие шаги босых детских ног. Она выглянула. Мальчик лет четырнадцати вошел и поклонился алтарю.

— Эй, послушайте!

Он поднял голову.

— Что, здесь бывает служба?

Он не сразу ответил:

— Нет. А вам что?

— Почему?

— Потому что запретили, и ксендз сторожем в кооперативе.

— А почему же розы?

Он помялся:

— Тут иногда собираются.

— А ты кто такой?

— Я здесь играю.

Сверху он показался ей в эту минуту совсем маленьким.

— Играешь? Как?

— На органе играю.

Она все смотрела вниз, держа руку на нотах.

— Я спеть хочу, — сказала она просто, — саккомпанируй мне пожалуйста вот эту «Ave Maria».

Он мотнул головой:

— Подожди маленько, сейчас народ придет. С хором и споешь. И он исчез, клейко отлепляя ступни от темного пола и появился снова с веником и тряпкой.

«Они собираются там один раз в неделю, такие, понимаете, тридцать или сорок человек. Ах я не знаю, что это есть за люди! Я объяснила им, что хочу спеть соло, что я уже пела здесь. Они позволили. Они все встали на колени, а мальчик сел за орган. Не могу вам сказать, что это было... Я пела. Потом один сказал: пани, позвольте нам сходить за ксендзом, ему это будет радость. В минуту! Я сказала: конечно. Мы подождали. Пришел ксендз, босой и старый, подвязанный веревкой и без тонзуры. Я опять пела. И тогда ксендз сказал: пани, позвольте же нам сходить теперь за православным священнослужителем, чтобы и ему была радость. И я опять сказала: конечно. И мы опять ждали. И открылась дверь, и вошел в белой рубашке и настоящих лаптях такой старый-старый, что не мог поднять головы, где я стояла, и ему объяснили, что такое есть наверху, и помогли тоже встать на колени. И я пела в третий раз, и все — Шуберта».

Голос ее поднимал своды, раздвигал стены, ломал все, что за много лет стесняло здесь камни и людей. Лица были обращены к ней, но она смотрела поверх и хотя лицо ее было влажно, она вовсе не боялась перехвата в горле. Ей казалось, что она дошла до крайней точки своей жизни. Мальчик босыми ногами нажимал на стертые педали, воздух, в котором ей было так хорошо, гудел долго.

В дверях, когда она выходила, она видела двух рабочих. Они стояли с непокрытыми головами, лица у них были степенные; пожилой еврей в узеньком галстучке стоял тут же и кажется хотел ей что-то сказать, но только пошевелил лицом. А на улице, не двигаясь, стоял кто-то в крагах и с винтовкой.

Там стреляло с крыш полдневное солнце, срубленное дерево, как вспоротый зверь, лежало поперек площади, разроняв вокруг свои свежие ветки, и где-то совсем близко — вон за теми садами — медленно, с шелковым шумом, катилось Черное море.

1937

ВЕЧНЫЙ БЕРЕГ

Это место он заприметил давно и навсегда сделал его своим. Лет двадцать пять тому назад, когда он был еще ребенком, знакомые его родителей жили в этой местности и он гостил у них перед войной. Теперь от усадьбы не осталось ничего: все продано. Дом, с узким поясом сада, подновлён и сдан, остальное разбазарено по кускам. Сюда приезжают дачники на лето и горожане по праздничным дням; они лежат в траве, слушают свои граммофоны, играют в карты, вяжут чулки. Есть кафе, оно же гостиница, есть бензинный кран для автомобилей, есть почтовый ящик и бакалейная лавка с леденцами для предполагаемых детей. Только название осталось то же, и та же дорога вверх, в рощу, где сосны, вереск и крепкие розовые цветы, которые, отцветая, дурно пахнут.

Он помнил всегда, даже в самый разгар своей жизни, что если пройти этой рощей, а потом лугом, обогнуть пруд, выйти на тропу, где мята и зайцы, то начнется уже совсем особенное: пахнущее хлебом затишье, обрыв, с которого видна заречная даль, тенистый спуск к реке, и там — камыш, чья-то старая лодка, блеск и мрак воды. И никого. Лодка всё стоит там, все стоит, говорил он себе иногда, вода мерцает и колышется. Он на всю жизнь заприметил себе это место.

Он собирался вернуться к нему в разные годы по-разному. Было время, он так представлял себе счастье: с молодой, красивой, умной женщиной, понимающей его во всем, он тайно проводит здесь целый месяц, а потом расстается навсегда. Она не знает даже, где они были, он не знает ее имени... Потом был план: жениться и непременно купить в этом краю кусок земли, выстроить в рассрочку дом, — с балконом, детской, курятником, — словом, связать себя с этим берегом навеки. Однажды, года два тому назад он едва не приехал сюда с чужой женой, но она испугалась деревенской скуки, а он не был уверен найдется ли в гостинице комната, и они поехали к морю.

И вот теперь он был здесь.

В деревушке, уместившейся в бывшем усадебном парке, в крошечной гостинице нашлась комната. В окошке был двор с цепной собакой и спящим петухом. Рисунок обоев — летящие корзины с цветами, вихрь цветочных корзин; в углу игрушечный умывальник, а посреди — все заполонившая, деревянная двуспальная кровать с грубым свежим бельем, периной и крахмальным пологом. Наташа, как увидела ее, так и качнулась:

— Это для вас и для меня? Такая огромная?

Они приехали вечером автокаром, из Парижа. Она сказала матери, что едет к подруге в Буживаль. Почему Буживаль? Первое, что пришло в голову, потому что в тот день она что-то читала про Тургенева. Мать подробно расспросила: что за подруга, кто такая, где живет, кто ее родители, как Наташа думает отплатить ей за гостеприимство.

Автокар несся по пригородам; он был полон. Они сидели рядом и Наташа смотрела в окно: сперва на дома и людей, потом в даль, в небо. Когда она оборачивалась к нему, с такой решимостью, с такой смелостью, он видел, что она его боится. Когда они сошли, был одиннадцатый час. В новенькой улочке было совсем темно, и они останавливались, целовались, опять шагали, и опять останавливались. Говорили о том, как им хорошо, как хорошо, что три дня перед ними, как удивительно, что он вернулся все-таки сюда. В гостинице дверь была настежь, на пороге сидел хозяин и следил за тем, как они приближаются к нему.

При свете лампы, за стойкой, он стал хлопотать, вынул пузырёк, с чернилами, перо. Он был выпивши, листик, который требовалось заполнить, два раза выпадал из его руки.

— Я напишу «такой-то, с женой». Наташа накрыла бумагу ладонью.

— Пожалуйста, не пишите своей фамилии, это совершенно не нужно.

— Не все ли тебе равно? Могут быть неприятности.

— Нет, нет, не нужно, мама может узнать.

— Так ведь твоя мама не запрещает мне ездить.

— Пишите: господин Наташин.

— Господин Наташин? — и он написал, прибавив, как полагается, с женой.

Год рождения — тот же, что и века.

Место рождения — русский город, он совсем, совсем его забыл. Профессия — поставил одну из многих. И они поднялись наверх.

— Это целый крейсер! — воскликнула Наташа, прыгнула и провалилась в перину, и кинула в него подушкой. И во всем этом ему тоже почудился страх.

А утром, утром! Эти птицы, это солнце! Край чужого сада в окне, липовый воздух, стук телеги, разбудивший обоих, нетерпение, хохот у крошечного умывальника, в котором можно было вымыть только пятку. Одна зубная щетка на двоих.

— Я думаю: одна зубная щетка на двоих — это любовь, — сказала она, и один артишокный листик на двоих — тоже любовь. — И она засмеялась.

Внизу они пили кофе в тяжелых деревенских чашках, а хозяин опять был выпивши, и даже не смотрел на них. Выглянуло из-за двери только кроткое лиловое лицо хозяйки и скрылось; сеттер с отвислым брюхом бил хвостом по их коленям, и ему дали сахару.

— Ну, так скорей, чего же мы ждем? — и все ее лицо смеялось и светилось, — бежим, спешим, летим! Сейчас узнаем, на месте ли речка?

Он приберег это место для одного себя, он ни с кем не ездил сюда, не возил чужих жен, не разводил здесь хозяйства. Все оставалось здесь, как было, только деревья стали гуще, такими, какими, может быть, были тысячу лет тому назад. Эта мысль о неизменности, о вечности лесной тишины, о бесконечности речного движения и свела его с ума когда-то.

— Обыкновенно в таких случаях бывают разочарования, — говорила она, спускаясь к берегу, — придешь через пятьдесят лет, а лодки то и нету!

— Через двадцать пять!

— Ну, через двадцать пять. Значит, ты это облюбовал, еще тогда, когда меня и на свете не было!

Она замерла в изумлении при этой мысли, и опять, легко, словно танцуя, пошла вперед.

Но лодка нашлась. Их даже было две: одна — старая, другая — новая, крашеная в красный цвет. Весла были спрятаны в кустах, и они их тотчас отыскали.

Вода спокойно и ласково играла под солнцем. Как часто думал он о том, что непременно когда-нибудь будет вот так сидеть и слушать. Было что-то неизбежное в возвращении к этим камышам, к этим дрожащим теням, сбереженным памятью. Он чувствовал, что участвует в плеске времени, текучем и безначальном. В ранней юности, в минуту того незабвенного восторга, он понял, что сюда надо найти обратный путь.

Наташа между тем снимала через голову свое белое платье

в цветочках и оказывалась в купальном костюме. Она говорила, что если бы он взаправду любил ее, то непременно взял бы эти весла, отвязал бы лодку и повез ее на середину реки, чтобы она могла там окупнуться.

— Запрещено, — сказал он показывая пальцем на ржавую доску, на которой что-то было нацарапано, и лег навзничь. — Протокол составят. В тюрьму посадят. На каторгу пошлют.

— Да никого же нету. Какой ты, право! И пожаловаться на тебя некому! (А еще накануне вечером она говорила ему «вы»!)

В этой прозрачности он чувствовал свою собственную прозрачность. Он говорил себе: такие случаи бывали, я где-то читал. Человек в молодости попадает на какую-то точку земного шара и вдруг говорит себе: это здесь! Проводят годы. Он живет, он путешествует, любит, трудится, и стариком возвращается, и поселяется, и не может объяснить, почему он здесь, когда есть столько других мест.

— Так не отвяжешь? — спросила она еще раз, и босой ногой наступила ему на руку.

— Я уже и без того совершил ради тебя преступление: скрыл свою фамилии от полиции. Теперь пойдет к черту вся статистика губернии. А ты еще хочешь, чтобы я украл лодку. Ты можешь окупнуться у берега.

Она вошла в воду, брызнула ему в лицо чем-то блестящим и мокрым, и вдруг зашумела, забила ногами, поплыла.

И вот он вернулся не один, вдвоем с женщиной, которую он кажется любит, и которая кажется любит его. Что будет с ним дальше? И с ней? Он лежал на спине, смотрел в небо, прислушивался. Прошло довольно много времени в блаженном забытье. Внезапно что-то дрогнуло в нем, и сорвалось сердце: она звала его.

Он крикнул в ответ и помахал в ответ рукой в воздухе. Она

опять закричала. Она ли это? Он вскочил, подбежал к воде, на секунду остановился, но под щитом поднятых, рук не увидел ничего — только в блеске дрожала вода.

Он вдохнул воздуху, широко открыл рот, заорал: — А-а-а! Наташа-а-а! На противоположном берегу стояли, выстроившись в линию, окаменелые в зное безногие кусты. Все было тихо. Только эхо бормотнуло что-то в ответ. Тогда он бросился к веслам, загремел ими, упал, зацепившись о кочку, рванул лодку, еще раз рванул, грудью столкнул ее в воду, протащил по илистому дну, прыгнул в нее, качаясь, опять закричал, что было сил. Молчание.

Он греб, кидаясь от одного борта к другому, с одним веслом, другое куда-то ушло, сдирая с себя башмаки, пиджак, крича, двигаясь с угасающей медленностью туда, откуда ему казалось, она кричала. Лицо его было в крови, он ударился обо что-то, когда метался и падал на берегу. В середине реки он нырял три раза, сколько хватило сил, но кроме пятен глубокой зеленой тьмы не увидел ничего.

Когда он вернулся, солнце перешло на другую сторону молодой ивы, но под ней по-прежнему была тень. Он вышел из лодки, волоча за собой мокрый ил, снимая с рук, как перчатки, длинную траву. Кровь текла у него из ноздрей, голос был сорван от крика, странно выкаченные глаза искали чего-то — ее белого в цветочках платья, в которое он лег головой.

Потом, когда одежда на нем просохла, он завязал в носовой платок ее туфли и пошел. Перед тем, как войти в деревню, он вынул из наташиной сумочки ее гребешок, и всхлипывая аккуратно причесал свои редкие русые с проседью волосы.

1938

АУКЦИОН

Покупатели и те, что просто собрались поглазеть, были уже не раз описаны Мопассаном. В первом ряду сидела молодая, толстая женщина с единственным зубом во рту, рядом — усатый человек с лицом цвета земляничного варенья. Дальше — три старухи, за ними жгучий брюнет, интересовавшиеся главным образом жестяными чайниками, половниками, шумовками, а также кофейными мельницами, которых в доме оказалось три. Во втором ряду, прямо против аукционщика, вертелся шут с длинными седыми усами, набавлявший по два су и громко пояснявший, для каких надобностей служила та или иная посудина. Всего же было человек около пятидесяти. Были две шикарные особы в мехах — горничные из замка; было два велосипедиста, лущивших кедровые орехи, таращивших глаза. Был в сером пальто и гетрах старичок с бородкой и орденом Почетного легиона, которого кто-то назвал «господин президент»; он купил громадную люстру с фарфоровым резервуаром для керосина, с чугунными наядами, державших в зубах цепи, на которых висели виноградные грозди. Олений рог пошел вместе с вафельницей, и тот, кто приобрел его, хвастал потом, что этот рог отец его когда-то продал умершим владелицам дома. Каждой фигуре — толстой, тонкой, молодой, старой, — можно было найти, так сказать, ее перевод на русский язык, а каждой отпущенной шутке — русское словечко.

Сначала прохожие могли принять все происходящее за ожидание выноса покойника: у калитки сада начали собираться незнакомые между собой люди, пять-шесть автомобилей стали в тихой улице; кого-то ждали, кто-то опаздывал. Наконец открылись ворота и по мощеному дворику мы поспешили на крыльцо. Двери дома были открыты настежь, чтобы можно было легко выдвинуть и буфет, и матрасы, и пианино.

Ходили по комнатам, открывали двери шкапов, подпороли надматрасник, пощупали внутренности (и с удовольствием сказали: ага!), бренчали на пианино, щелкали пальцами по хрусталю; кое-кто зачем-то смотрел из окна в сад, спрашивал, не будут ли продаваться цветы, дёрн, решетка, кишка для поливки цветов, лопаты. Вошел аукционщик, молодой, зубастый, в двубортной жилете, с двумя подручными, и громко прочистил голос. Он велел вынести на двор обеденный стол, вскочил на него, и в то же время, как вокруг садились описанные Мопассаном, зычно зачастил на всю улицу, на весь глубокий, старый сад, играя первыми тарелками:

— Начнем с пустяков. Первая цена — франк. Думаю, что не севр, однако поручиться не могу. Два франка. Три франка... Как? И пятьдесят сантимов. Набавляйте, господа! Ведь тарелки вещь нужная. Четыре франка. Мосье, ваша жена будет довольна. Пять франков двадцать пять. Смотрите, я бью их, а они не разбиваются. Семь франков... Семь франков. Я сказал: семь. Жалеть не будете? Семь. Заметано! (и трах! молотком).

Тарелки, как и всё в доме, как и самый дом, были обыкновенные, добротные, с которых вероятно лет пятьдесят ели каждый день дичь, рыбу и жиго баранье люди, державшие почтенную прислугу. Была у них ореховая гостиная, были две спальни с зеркальными шкапами, был граммофон довоенной конструкции и семейный альбом фотографий, пошедший вместе с сонатами Бетховена для четырех рук за двенадцать франков. У людей, живших здесь, были ковры, были картины неизвестных художников, и была швейная машинка и мороженица, так что человеку с воображением легко было бы восстановить всю ту жизнь, которая здесь шевелилась еще совсем недавно.

Мы за две недели предвкушали этот день. В деревне все кажется событием. С утра мы выволокли из-под навеса старую машину, обмыли ее, натянули парусину, поставили внутрь ящик — для нас с Манюрой, так что можно было сидеть впятером (это был небольшой грузовик, очень высокий, на тонких сквозных колесах). Потом мы оделись, причем не забыли и перчатки, и стали заводить мотор по очереди, рукояткой, загадав на счастье. Счастье, конечно, выпало Виктору Ивановичу, потому что он всех сильнее, и машина пошла тарахтеть и подпрыгивать по нашей улице. Сидевшие на ящике держались за края, сидевшие спереди, все трое, напряженно впивались глазами в дорогу и как только замечали, на горизонте, какую-нибудь точку, сейчас же принимались обсуждать: как быть? Тормозили, жались к обочине, пережидали. В гору троим пришлось сойти.

Покойницы старые девы, жившие в доме, в котором происходил аукцион, тоже вероятно могли бы найти себе русские отражения. Они были болтливы и беспечны, носили шляпы с птичками и всегда хихикали, когда приходилось встречаться с кем-нибудь на улице. Сперва умерла старшая, блаженно уснув и не проснувшись. Ее хоронили всей деревней; сестрица ехала в карете и ее хихиканье теперь было похоже на рыдание. Были цветы, благолепие рукопожатий на кладбище... Через год оставшуюся в живых карета скорой помощи отвезла за двадцать километров в город. Барышня промучилась в больнице несколько недель и умерла в страданиях после операции. Там ее и хоронили, казенным образом, выдав гробовщику расписку: взыскать с наследников. Странно! Обе барышни всю жизнь были такие одинаковые.

Оставив машину за углом и на всякий случай еще прикрутив в ней какие-то дребезжавшие гайки, мы вошли, все пятеро, и осмотрев решительно все, до последних мелочей, встали сбоку, где какой-то любитель курьезов, наставив фотографический аппарат, снимал аукционщика с двумя стульями в руках. Слова бегали из его рта с легкостью и силой необыкновенной, и вещи переходили из рук его помощников в руки торгующихся быстро и бесхлопотно.

Мы пятеро лучше всех изображали в этом представлении публику, восхищенную публику, не сводящую глаз с аукционщика, хохотавшую над всеми его остротами, восторженно хвалившую продаваемую мебель (потому что у нас самих и в помине не было такой), ликовавшую, когда цена взвинчивалась, встречая междометиями неожиданную, под самый молоток, надбавку. Впрочем, вместо молотка, который торчал в кармане аукционщика, чиновник пользовался небольшим, ладным, совсем новым топориком, который он едва не унес с собой, когда все было кончено. Сперва, спохватившись, он собрался было отдать его в придачу к обеденному столу, пошедшему последним, потому что на нем вытанцовывал чиновник свой многочасовой танец, но потом решил пустить его отдельно, и неожиданно Виктор Иванович толкнув кого-то локтем вправо и мигнув влево, дал за топорик семь франков и купив топорик объявил, что в лавке такой стоит одиннадцать.

Мы обомлели. Мало того, что побывали на этом параде, показали себя и посмотрели людей, веселились целый день, навидали столько, сколько за целый год не увидишь, мы еще и сами участвовали в нем: тратили деньги и уехали домой не с пустыми руками.

Конечно, наш дом — не чета тому, и нет в нем ни ореховой гостиной, ни зеркального шкапа, ни мороженицы, а пианино стоит под навесом, потому что не поместилось в доме, и к нему проведена электрическая лампочка, которую Манюра боится зажигать в грозу. Но ночь мы укрываем его одеялом, так и укрываем их вместе — музыкальный инструмент и радиатор машины, а уж сами накрываемся пальто. Впрочем, это никому не интересно.

Манюра зажгла на кухне свет, развела огонь в печке и все время подбирая свои совершенно золотые волосы, отросшие за лето, и которые она боится стричь, потому что не знает, будет ли это модно, и как именно их стричь, чтобы было совсем

102

модно, — Манюра подбирая свои слабо вьющиеся пряди за плечом, стала накрывать на стол. Было уже совсем темно. В саду продолжался сильный сухой ветер, начавшийся еще днем, в чужом саду, и казалось, что наши деревья, наши крепкие тополя, перешли к нам из той усадьбы.

Мальчики пошли кормить собак, хлопали ставнями. Виктор Иванович долго ласково уговаривал их вымыть руки, потом тихонько открыл радио, и под журчание ланнеровского вальса мы сели ужинать. Ели мы в кухне, в пару кипящего супа, а топорик лежал тут же и сверкал чистотой и ясностью мертвого предмета.

— Клянусь костью! — сказал Митя, — за этот судок, за хлебную корзинку, за салфеткины кольца больше пяти не выручишь.

— Тертый калач выручит и восемь.

— А смешно будет, когда выломают плиту и потащат. За плиту пятьдесят, красная цена.

— Клянусь костью! — закричал Алеша, — плита пойдет вместе с домом. А вот табуретки — это да! Лоханка тоже.

— Лоханку я не отдам,— сказала Манюра убежденно. — Зарубите себе на носу: что бы ни было, без лоханки жить нельзя.

— Глупости... Вот если матрасы вспарывать начнут, дело будет дрянь. Увидят, что сено.

Виктор Иванович удивленно оглядел всех:

— А за Айвазовского что дадут?

— Франков десять.

Он встал.

— А что у нас еще есть?

Все пошли в комнату.

В этой комнате на кровати спал сам Виктор Иванович, а на полу — мальчики. Айвазовский действительно висел на стене, громадный, мглистый. Под ним — книги: Пушкин, алгебра Кисилева, Стендаль «О любви», десятка три книжек.

— Тут не разберут, какие французские, какие русские. На вес пойдут.

— Неужели? Зачем же так спешить?

— Да так уж. Кому охота копаться. Вот лампа электрическая — это вещь. Верстак — опять хорошо. Гардероб, клянусь костью... Задняя стенка выломана. Печь «Саламандра» — это да! Это денег стоит. Что еще?

Алеша вступил тотчас же:

— Корзинка — пятнадцать франков. Курица на яйцах может под нее сесть. И вот этим самым топориком — когда она состарится, ее стукнут. Хорошо, что приобрели.

— Пятнадцать пятьдесят даю.

— Шестнадцать. Кто больше? А вот башмаки. Пять пар башмаков.

— К тому времени сносим.

Все вместе мы пошли к Манюре.

— Эти цветочные горшки вообще ничего не стоят, да их и побьют до того.

— Не трогай, Митька, это гиацинты будут.

— Никто ничего не трогает. Икона. Ее в придачу к кофейной мельнице дадут. «Не поймет и не оценит», как сказал Майков. Где топор? Столик о трех ножках.

— Двадцать франков первая цена, — с увлечением воскликнул Виктор Иванович, и уже, наверное в эту минуту был непереводим ни на какой язык.

— Двадцать один, — сказала Манюра со слезами в голосе.

— Клянусь костью! О трех ножках столик. А еще — походная кровать.

Алеша попробовал кровавь, сел и провалился.

— Дети, дети,— сказал Виктор Иванович и замял, задергал свою бороду, — неужели же ничего у нас больше и нету?

— Есть еще велосипед, — сказала Манюра жестко, — хороший мальчишковый велосипед, прочный. За него ей-богу много могут дать.

Мальчики вдруг приуныли. Им стало что-то грустно. Они еще разок посмотрели на кувшин, на ведро, словно прицениваясь к ним, и вышли. И мы вышли тоже. И вдруг все вместе принялись искать по всему дому злосчастный топорик, зажигали спички, ползали по темным углам, упрекали друг друга, говорили, что это теперь у нас самый необходимый предмет в доме, — и все это под ланнеровские вальсы, звучавшие в тот вечер как-то особенно прекрасно, как звучали они еще в «Дворянском гнезде», или в каком-нибудь другом, непохожем на наше, месте.

Но топорика мы так и не нашли. Только спустя несколько дней оказалось, что он завалился за комод. Но к этому времени мы все уже отрезвели, и жизнь шла своим путем.

1938

ВМЕСТО НЕКРОЛОГА

Я помню с детства его большие, белые босые ноги, в крепких желтых сандалиях, с широким поперечным ремнем, отделявшим пальцы от подъема. Это было последнее лето перед войной. Помню, мы сидели в лодке: Миша на носу, мы с Леной на первой доске, за нами — на второй — он, орудуя веслами, а на корме за рулем сидел еще кто-то, уже не помню кто. Во всяком случае, там кто-то конечно находился, потому что когда я оборачивалась, и старалась мимо гребца заглянуть назад, мне кто-то мешал.

И вот внезапно между мной и Леной появились эти сандалии, эти ровные пальцы. «Мне нужен упор, — сказал он, — подвиньтесь, мелкота». Я подвинулась и уже не знала, что делать с руками, чтобы только случайно не задеть его. А озеро было такое металлическое, такое нарядное, финские сосны такие темные. Над ними, над далью, кто-то могуче и небрежно размазывал закат, и на воде было то единственное вечернее молчание, о котором и не догадываются оставшиеся на берегу.

«О, закрой свои бледные ноги!» — сказал голос позади меня, доска заскрипела от нажима, и весла заработали шумней.

На обратном пути я уже круто, подло ненавидела его. «И вовсе не надо пуд соли с человеком... достаточно увидеть босые ноги... Как противно! Они выдают его, неужели он не видит? Самодовольные, тупые... Лучше самые полосатые носки, чем это». Всходила северная луна, играла с водой, отводила от нас черный берег.

Между тем, он был молод, писал стихи, носил длинную бороду, чтобы скрыть, как говорили, свой некрасивый звериный рот, умел акварелью изображать всех нас, как мы плывем в лодке, а он в этих самых своих сандалиях, идет по

106

водам, к нам навстречу; или еще: стоя с нами в лодке, протянутой рукой останавливает бурю. Он играл на рояле какие-то несуразности, заставляя нас петь хором слова, сочиненные им, и не имеющие никакого смысла. Когда я узнала, что ему двадцать лет, я очень удивилась:

— Миша, ты знал, что Корту двадцать лет?

— Врешь! Я думал пятьдесят.

— Лена! Ты знала, что Корту двадцать лет?

— Кто тебе сказал? Не может быть!

Таким образом я дошла до кухарки, которая на мой вопрос ответила: «Рассудительный жених будет».

Теперь то последнее лето вспоминается каким-то особенно засушливым, с бесчисленным падением звезд, с пожарами, чуть ли не даже пронзенное кометой.

Корт жил на соседней даче, у родственников. Мы иногда ходили к нему: ради крокета, ради гигантских шагов, ради вереском заросшего обрыва, с которого съезжали на собственных штанах до самого озера. Нас угощали чаем с ватрушками, и мы старались вести себя прилично. В комнате Корта это удавалось с трудом: слишком много было там соблазнительного.

— Двигайтесь, мелкота, — говорил он, выгоняя нас за дверь. — Ничего не украли?

А украсть хотелось одну из толстых тетрадок, в которые он твердым, круглым почерком записывал свои стихи.

И вот нам самим стало двадцать лет, и мне, и Лене, и настала такая осень, когда мы не вернулись в город, а остались зимовать над озером, в соснах, потому что между финским местечком и Россией прошла граница, и еще никому в голову не приходило перейти эту границу туда, а не оттуда. Снег очень скоро завалил нас совсем. В старом бревенчатом доме остались жители — словно четные цифры, нечетные были вынуты жизнью: отец Лены был неизвестно где, осталась мачеха. Миша был убит, мы обе были живы; дворник ушел на заработки в Выборг, у нас осталась одна кухарка. Почему-то перебиты были, обе собаки, и из всего живого, того, что многие годы здесь бегало, плодилось, подавало голос, осталась одна каурая Пенка, пожилая кобылка с розовой ноздрей.

Замотав голову толстым кухаркиным платком, надев тесную шубу, подпоясавшись багажным ремнем, сунув ноги в крепкие валенки, я рано утром, в снежной темноте, белёсой, зыбкой, шла запрягать Пенку в санную тележку. Выпив чаю и закусив булкой, мы уезжали за три версты в городок: сперва — на станцию, за газетой, за новостями, потом — в кооператив, где получали на день потребное количество сельдей, крупы и масла, потом — в лес, за хворостом. И обратно мы приезжали, сидя высоко на срубленных, еще снежных ветвях, лихо правя профилем.

Перед вечером, на лыжах, мы шли на закат. И хотя и тут была цель: еловые шишки для самовара, но от молодости и беспечности нам казалось, что идем мы перед ужином любоваться заходом солнца, идем нагуливать аппетит, дышать морозной прелестью леса. Оттолкнувшись палками, чуть согнув колени, сохраняя руками равновесие, зорко глядя перед собой, мы вдруг пускались вниз, по целому снегу, ныряли в долину и опять выносились вверх. Там мы останавливались, ели черный кооперативный шоколад и пробовали курить. И растрепанные, румяные, пьяные от папирос и воздуха, летели домой.

Соседние дачи были пусты, стояли заколоченные, глухие, та, на которой когда-то жил Корт, совсем осела в снег, другие продавались на слом. Весной, когда потекли ручьи, в молочном свете дня, все они — розовые, голубые, белые — оказались черными. Говорили, что внутри них — на вершок воды, что тёс отсырел до того, что и на топливо не годится.

Помню утро, когда Лена одна поехала за провизией, а я осталась дома по случаю стирки. За зиму накопилось множество белья (зимой стирать не отваживались). Дом был в пару от кипевшего котла, и сад был в пару от весеннего солнечного дня, и над оттаявшим прудом, где мы полоскали горячее белье в ледяной воде, тоже стоял пар.

— Я встретила... Угадай, кого я встретила, — кричала Лена, — сегодня из Петербурга, пешком, едва не застрелили в Белоострове... Корта! Корта! Какая ты недогадливая!

Он развел нас с ней очень скоро. Она уходила к нему после завтрака и возвращалась вечером, и он приходил с ней, сидел до ночи. Он поселился в станционном флигеле, где теперь сдавались комнаты, у него с собой были деньги, материнские тяжелые серьги, которые он ездил продавать ювелиру в Выборг. Борода его была все так же редка и длинна, рта не было видно вовсе. В глазах появилась какая-то масляная злоба.

— А что же стихи его? Акварели? Таланты? — спросила я однажды.

— Его очень ценили в Петербурге, — отвечала Лена, — он был знаком с Блоком, Есенин посвятил ему стихотворение.

— Что же, он печатался где-нибудь?

— Нет, он презирает это. Но ты не можешь себе представить, как он прям, как умен, как непохож ни на кого из тех, кого мы с тобой знаем.

Она, веселая, смелая, такая ладная во всем, что ни делала, и он, долговязый, волосатый, с впалой грудью и землистым лицом, с какой-то непристойной жадностью в движениях: взять под руку, схватить хлеб. И это была любовь.

— Прощать врагам? — говорил он, а мы все сидели, не зажигая света, белой майской ночью, вокруг стола, и слушали, слушали. — Нет, в этом есть что-то от половой патологии. Я не согласен прощать. — Пахло еловым дымком из жерла горячего самовара, с валенок натекали лужицы, тикали стоячие часы. — Они в меня целятся, здоровые парни, но я живой, я им не прицел, чтобы в меня попасть. Между мертвым и живым больше разницы, чем между человеком и архангелом. А еще больше разницы между тем, чем ты хотел стать и тем, чем стал. Видели ли вы когда-нибудь мать семейства, которую прочили в Сарру Бернар?.. Послушайте, скажите мне, будьте добры, кого это оплакивают здесь? Я сейчас шел и на разных углах, на разных улицах видел трех плачущих женщин. Что это, обычай какой-нибудь? А безногий какой-то полз и смеялся, можно было бы даже сказать: смеялся, как безногий, Вы заметили, что калеки очень много смеются? Особенно в дурную погоду. Впрочем, в ненастье всегда веселей: мы же любим кошек, сов, ночных бабочек, даже нечисть всякую, если она молода. Как же нам не любить темный, дождливый ноябрьский день?

И все в таком роде. Потом Лена запирала за ним калитку, возвращалась в нашу комнату. Я ложилась в постель, не спала, плакала, мучилась ожиданием, что она мне всё, всё скажет. Уже окно было раскрыто в благоуханный июньский мрак, уже шумели в саду соловьи, цвела жимолость, когда она заговорила. Не для того, чтобы поделиться со мной своим счастьем: счастьем не делятся, его держат при себе. Для того, чтобы поделиться гложущей ее заботой: «Я кажется беременна», — сказала она в темноте, и мы вдруг поймали друг друга за руки: кровати наши разделяла тумбочка.

Корт уехал в конце лета. Пенка отвезла его на станцию: Гельсингфорс — Штеттин, или Антверпен, или Гавр — такие вещи забываются прежде других. Во всяком случае, из Гельсингфорса он уехал на пароходе.

Я сидела на козлах, они — сзади, в маленькой нашей плетенке. Его длинные ноги не поместились, и он, попросив меня подвинуться, уперся ими в козлы. Я опять мешала ему.

— Какое милое гамсуновское время провел я с вами, мои

душечки, сказал он по дороге. — Одна была беленькая и добренькая, другая — черненькая и сердитая. И все что было, было нарисовано перышком-тушью на серой бумаге. Правда?

Она отняла его и поцеловала в губы, которых не видела, а только чувствовала, и когда в последний раз оторвалась от него, была так бледна и некрасива, и держалась за меня.

— Скорей, скорей, — твердила она, и мы успели: у поворота на Перкиарви мелькнул его поезд, но никто не помахал нам из поезда. Остался дымок. Он держался в зеленом небе так долго, что когда мы приехали домой, можно было еще с нашего крыльца, с нашего балкона посмотреть на него в последний раз.

И вот нам стало тридцать лет, но мы уже были не вместе. Она осталась там, давала уроки, ходила по снегу, продала Пенку, отпустила кухарку. Мачеха ее состарилась, и они жили втроем в одной комнате, в людской, подле кухни, а дом разрушался вокруг них, зарастал дико и грозно сад. Она осталась там, а я была в Париже и получала от нее письма, раз в год, не чаще. И в том письме, которое пришло этим летом была фотография: у перил нашего балкона стояла девочка лет десяти, тоненькая-тоненькая, с тоненькой косичкой, с тоненьким носиком, с длинными, худыми руками (а в руках была большая соломенная шляпа). Она стояла задумавшись, и смотрела вдаль, туда, где — я знала — сверкает озеро в июльский день. Она смотрела мимо аппарата, мимо меня, она будто ждала чего-то, как ждали когда-то и мы. Она уже ходила в школу, хорошо училась, понимала по-фински. Но жить было трудно, школа была далеко, мама занята целый день, бабушка — глухая. А зимы такие длинные-длинные...

Но где же был Корт? Куда девался? Неужели никто не слыхал здесь про него? Ведь он писал когда-то стихи, ведь в Петербурге и Москве его многие знали. Неужели в портфелях наших редакций не застряла какая-нибудь его рукопись, с адресом на обороте? Или на каком-нибудь собрании не записался он в ораторы? Или не устроил какой-нибудь лекции в провинции «по личным воспоминаниям»? Не издал книжки неплохих декадентских стихов? Десять лет о нем ничего не было слышно, и вдруг в газете мелькнула его фамилия, его имя и отчество — о чем с глубоким прискорбием сообщала жена.

Небольшая толпа, человек сорок, мне незнакомых людей провожала его гроб на кладбище, в предместье Парижа. Впереди, сейчас же за гробом, смотря, как обычно, в колеса колесницы, шла женщина в глубоком трауре, ведя за руку одетого в черный суконный костюм мальчика лет шести, востроносенького и бледного. Я прислушивалась к тому, что говорилось вокруг, но все, что говорилось, было либо о погоде, либо о неудобном часе похорон. Большинство шагавших были французы, чем-то друг на друга похожие, вероятно служившие в одном и том же учреждении. Когда колесница остановилась у могилы, двое из бюро, тужась и кряхтя, сняли с колесницы большой венок, с надписью на ленте: «Спи в мире, дорогой коллега». У открытой могилы была произнесена небольшая речь: администрация и служащие акционерного общества «Труд» прощались с Кортом и обещались не забыть его трудолюбия, его аккуратности, его стараний, его скромности, его пунктуальности, его усердия.

Все стояли, глядя в землю. Вдова тихо плакала за своей вуалью. Рядом стоял ее сын. Мальчик задумчиво смотрел в сторону, где, за кладбищенской стеной, — я знала — течет река, шумят деревья, проходят поезда. Он смотрел вдаль, будто ждал чего-то... Да, ему никак нельзя было дать больше шести лет.

1938

ЧАСТНАЯ ЖИЗНЬ

У него были длинные, косо посаженные светлые глаза в темных, густых ресницах, под широкими бровями. Волосы его были слишком блестящи, слишком длинны, они падали ему на лоб и на уши. В пять лет он умел помахивать кнутиком и взахлёб, глотая слова, наступая одной ногой на другую, читать наизусть «Птичку божию», в одиннадцать он знал наизусть Виньи, а в восемнадцать вдруг замолк, стал бледен и малоподвижен, оброс курчавой, нежной бородой, и в позе рафаэлевского ангела, с недожеванным куском во рту, любил сидеть за столом, слушая, как разговаривают другие.

Разговаривали его две старшие сестры и мать — дородная, крепкая женщина-врач, с твердым лицом и сильными руками. Она была умна, энергична, много и хорошо работала в госпиталях, любила Киплинга и пешие прогулки, и за семейным столом всегда что-нибудь громко обсуждала, сама с собой спорила, сама себя разубеждала.

Две сестры его были девушки лет под тридцать, одна — темная, другая — светлая, одна тихая, другая пошумней. Тихая и черная носила скромные платья и серебряные очки, к ней ходили молодые люди, изучающие искусство, пугливые, лысоватые и худые. К той, что была повеселей, ходили и люди повеселей: без шапок, с граммофонными пластинками под мышкой, отличные гребцы, большие любители рубленых котлет.

Он сидел за столом, забывая поднять прядь, упавшую ему на глаза. Все ждали, когда он дожует. Считалось, что все в доме едят, кушает он один. Глаза его, без уголков, смотрели вокруг близоруко и внимательно, длинные пальцы он переплетал и гнул. Вечером, когда столовая была пуста, он шел к пианино, садился боком, клал руки на клавиши и тихонько подбирал какие-то мелодии.

Он вставал поздно, до завтрака сидел над книгами, потом бродил по улицам, иногда под вечер шел встречать мать в госпиталь, где она работала. Иногда он приходил слишком рано, ждал в воротах громадного кирпичного здания, потом входил. Шел прямо в главные двери, останавливал кого-нибудь и говорил:

— Где моя мама?

И его уже знали, считали за идиота и ничего не отвечали ему.

В праздники сестры наряжались и уходили, мать заседала в благотворительных обществах, прислуга отпускалась. Тогда и он шел куда-нибудь. Товарищей у него не было, был знакомый старик без ноги, бывший херсонский нотариус, которого он иногда навещал, познакомившись с ним на улице. Старик поил его хересом, говорил много и грозно, называл его «сударь вы мой» Старая нянька нотариусовых детей (давным-давно неизвестно где погибших), командовавшая барином, поила обоих чаем. Ночью он возвращался домой; таинственно и немо следили за ним громадные каменные дома, громадное небо, в тучах и звездах. Огни над рекой, сон черной баржи у берега, встречная женщина — все это был мир, которого он не знал и которого боялся.

Летом они жили у моря. В светлом фланелевом костюме, загоревший, он весь день сидел в песке или лежал, пересыпая песок и думая. Песок тек между пальцами, все сверкало и искрилось вокруг. Мимо него пробегали полуголые, пестрые, похожие на птиц, девушки. Он закрывал глаза, переползал в тень купальной кабинки и слушал как где-то далеко, в ресторане над морем, играет венгерский оркестр.

Одна из самых храбрых, в полосатой фуфайке, с лентой в волосах, однажды наступила ему на руку горячей босой ногой

114

и спросила, почему он не купается, и вдруг села с ним рядом, и тоже стала пересыпать песок, но не глядя, быстро, обсыпая себе колени. Он ответил, что ему купаться вредно.

— Ну так что ж, что вредно? — ответила она.— Мне многое вредно, однако я делаю. Мы тут все один раз ночью купались. Приходите сегодня ночью сюда, и будете с нами купаться.

Он смотрел на нее во все глаза.

— Я люблю ходить вдоль моря, и совершенно один.

Она вдруг стала грустной, выронила себе в юбку весь песок и сказала:

— Пойдемте вместе куда-нибудь.

Медленно они пошли по берегу; она старалась делать крупные шаги с ним в ногу, сердце ее билось. Они шли, а лукавая стайка ее подруг долго перешептываясь, кралась за ними в дюнах.

Потом они сидели за столиком в кафе и она спрашивала его: есть ли у него автомобиль? есть ли невеста? играет ли он в гольф? любит ли танцевать? Он на все мотал головой, улыбался, рассказывал ей про мать, про сестер, про свою парижскую жизнь, и даже про старого нотариуса.

Обратно они шли еще медленнее, останавливаясь каждую минуту, вместе смотрели на море.

— Я передумала, — сказала она на прощанье, — я не приду сюда ночью купаться. Лучше завтра утром пойдем вместе в порт посмотрим рыб.

После этого он два дня не выходил из дома. На третье утро пришла записка: «Вы видите, я узнала ваше имя и ваш адрес. Вы вероятно не поняли меня: я ждала вас, как было условлено. Приходите сегодня на берег».

Он пришел, и опять они пошли есть мороженое, и она говорила, что во всем виновато ее легкомыслие, что она что-то не так ему объяснила. Она, став серьезной, рассказала ему свою жизнь: она жила с родителями в белой вилле, около казино, танцевала, играла в гольф, у нее был автомобиль, но жениха не было «и никогда не будет, — добавила она поспешно, если только не произойдет одного необыкновенного случая».

Они вместе дошли до белой виллы, и у ворот встретили ее отца и маленького брата. Она сейчас же познакомила его с отцом, и тот пригласил его войти, но было уже поздно, в пансионе, где он жил, в этот час обедали, и он не мог остаться. Простясь, он быстро пошел домой. И после этого не выходил к морю четыре дня подряд, сидел в саду под яблоней.

Письмо пришло ему по городской почте.

Он прочел его два раза и чувство удивления перед происходящим охватило его. На душе стало неспокойно. Он поднялся к себе в комнату. Лег на кровать и долго лежал с закрытыми глазами. Потом встал, пригладил волосы и отправился на берег.

На этот раз они ушли за скалы. И там, где кроме них не было никого, и только вода шлифовала темные камни, успевавшие просохнуть от волны до волны, она в слезах, которые только дрожали в ней, но которые не падали из глаз, спросила: был ли он здоров в это время? не уезжал ли куда-нибудь? Он не сводил с ее милого, тонкого лица своих длинных глаз и наконец сказал, что он сам не понимает, что с ним, но что он знает наверное, что ему надо уехать. Она вдруг встала и пошла, а он остался, не чувствуя ни жалости, ни восторга, а только все растущее удивление. А уже ночью два хирурга извлекли у нее пулю из легкого, обещая, что она останется жива.

Скоро он вернулся в Париж. В ту зиму ему исполнилось двадцать лет, и вечерами он стал исчезать из дому. Они жили на длинной прямой улице, на которой было номеров триста, и он из шестнадцатого бежал до двести семьдесят третьего; в руках у него была мисочка в узле салфетки. По дороге он забегал за хлебом и папиросами, бежал без оглядки никого не видя. Возвращался он поздно, и долго еще не ложился, сжимая руки, толкался по комнате, все думая, думая: что делать, как теперь быть, сказать ли матери? уехать ли из дому?

А ночи были сухие, серебряные; город звенел за окном и бегала недвижною цепью фонарей и тенями своими бесконечная улица в конце которой жило его счастье. Они встретились случайно, потому что иначе и быть не могло: его мать лечила ребенка этой женщины. Она пришла к ним однажды, гладко причесанная, в старых башмаках, в немодном черном пальто, видавшем виды. Она пришла поблагодарить и докторшу, и ее благотворительные комитеты, а он был дома и после, как привороженный, вышел проводить ее.

На улице у нее было совсем другое лицо, испуганное, сосредоточенное. Она боялась улицы. «И как же вы это так? — спрашивал он, — совсем одна? И никого нет?» Она шила поденно. Она всегда была одна, всегда, всегда, — прозвучало это как-то особенно, словно по железу. И он понял, что это была правда, и не спросил о ребенке ничего. А на следующий день, часов в девять вечера, в канун рождества, когда все вдруг затаяло, заструилось, и непрочная зима расползлась по швам, он пришел и принес ей цветы. У нее не было вазы, чтобы их поставить, но она порозовев, сказала, что она потом найдет где-нибудь вазу, и он тоже вдруг порозовел, сел к столу и подпер щеку рукой.

Там теперь жило его счастье, в конце длинной скучной улицы, и он часто думал, что его надо закрепить и устроить, оградить и обдумать, но с чего начать, он не знал. Так же рассуждала за обедом его совсем уже чужая, крепкая и умная мать, по-прежнему спорили друг с другом его какие-то не всамомделишные, какие-то выдуманные сестры. И он, сидя среди них, был так далеко, так бесконечно далеко, что иногда

117

сам себе улыбался долгой, казавшейся бессмысленной улыбкой, и тогда все замирали вокруг, переглядывались, осторожно выжидали, когда он опомнится.

Когда, задохнувшись от бега, он входил, в нищей комнате нищего отеля сверкала чистота, было светло и тихо (окна выводили куда-то во двор). Девочка уже лежала укрытая до подбородка на широкой материнской кровати, и он сперва целовал ее в волосы, а потом уже здоровался и садился. Круглый будильник громко тикал, пестрые обои сверкали какими-то рожами и крыльями, она ходила вокруг, все что-то приводила в порядок. Он развязывал узелок, вынимал миску, или котелок, он не знал, как эта посуда называется, и заставлял ее есть. Она тихонько ахала, ела и смеялась. Потом они курили: «Ты попробуй, это очень вкусно. Все всегда курят». Она курила и кашляла, и обнимала его за шею, и шептала что-то, не на ухо, а как будто в самые его глаза, и они целовались, и целовали друг другу руки.

Им никуда не хотелось идти, ни гулять, ни в кино, никуда вообще, а хотелось всю жизнь быть вместе вот так, и чтобы ребенок спал рядом, и чтобы тикал будильник. Вместе есть, вместе смеяться, скучать, потом вместе засыпать и просыпаться вместе. И он все крепче прижимал к себе ее худенькое тело, такое хрупкое, что делалось страшно за нее, когда думалось: сколько ей еще предстоит страдать и мытариться.

Его отъезд в сентябре тридцать девятого года был неожидан и ужасен. Дома никогда не верили, что его могут признать годным и призвать. Если бы он действительно был годен к чему-нибудь (а не только, чтобы любоваться им и жалеть его), если бы он к чему-нибудь был в жизни пригоден, неужели все это было бы так, а не как-нибудь иначе? Неужели сестры, мать не догадались бы об этом раньше? Разве носил бы он этот котелок в салфетном узле, и отводил бы по утрам чью-то незаконную дочь в детский сад? Но он был признан годным и спорить было не с кем, и он уехал тогда же, в сентябре,

118

вероятно сам не сознавая, куда и зачем его берут, и на какое дело, и вернется ли он.

А она говорила, провожая его:

— Ну вот и хорошо. А то наделал бы глупостей. Я на десять лет тебя старше, какая же я тебе жена? Глядишь — выйдешь в офицеры, краше всех будешь там. Перекрести Аню, она к тебе привыкла, она скучать будет. Спасибо тебе за все. Я не плачу, видишь? И я не забуду тебя, это ты знаешь.

Он понял, что плакать она отложила на после. Времени у нее впереди будет много. А как будет у него?

И вот тяжелый поезд, где поют, и орут в набитых вагонах, отходит от вокзальной платформы, длинный поезд, в который его впихнули в этот вечер. В окне уходит, удаляется, исчезает она. Он опять возвращается к тому, что было до встречи с ней. И вот уже ее нет, нет лица, нет глаз, только свистки, и грохот, и будущее, где будут гореть города.

1939

АКТЁРЫ

Они собирались все вместе по воскресеньям в два часа. Собственно, в три начиналось уже представление. В этом городе они остались одни; почему так вышло, они и сами не знали. Не будем называть ни города, ни даже страны, в которой все это происходило. Скажем только, что страна была когда-то большая, когда-то прекрасная страна, теперь разрушенная, искалеченная, живущая впроголодь. Город был столицей этой страны, а герои рассказа были русские актеры.

Они остались одни. Говорят, что актеры — народ беззаботный, легковерный, птичий, и это, должно быть, справедливо. Все кругом уехали. Иные прямо бросились к границам: швейцарской, итальянской, восточной. А они и не подумали, не успели. В большом, в громадном городском парке в день, когда... ну, словом в самый страшный день, день забастовки, перестрелки, разрушения церквей, бомбы, взорвавшееся в парламенте, они кормили ланей бутербродами с ветчинной колбасой, нашпигованной фисташками.

А помните, как десять лет подряд они играли «Юлия Цезаря», «Мечту любви», «Женитьбу», «Джона Габриэля Боркмана», в маленьком нарядном зале на сто восемьдесят шесть мест? И мы, когда приезжали из Парижа, смотрели их, а не только кружевной собор, с открыток пересевший на площадь, не только старых испанцев в залах самого праздничного в мире музея, не только синюю-синюю, чем-то русскую реку, которая так навек и связалась с вальсом, которому скоро сто лет.

У них был меценат: как в сказке, богатый иностранец, женатый на старой русской актрисе, игравшей в театре Суворина — в самой ранней юности — комических старух, и в старости уже ничего не игравшей. Что бы они ни ставили, они

120

не знали провала: на премьере в зале бывало ровно сто восемьдесят шесть человек, на втором представлении — те семьдесят, которые не поместились. В третий раз пьеса уже не шла; через два года они ее возобновляли. Опять было то же. И только запомнилось, что в год эпидемии гриппа (двадцать девятый) на вторые представления вместо семидесяти человек приходило тридцать.

Теперь у них не осталось ни одного зрителя. Еще год тому назад их было восемнадцать, и для них играли уже не в театре, а в большой мастерской, где жил Королевич, вожатый труппы, Карл Моор, Подколесин и Михаил Крамер, а с ним — Баар, на все руки мастер, суфлер и бутафор в одном лице, умевший сочинять, малевать, греметь на рояле, знавший как из двух стульев, стола и картонного окна сделать чеховский интерьер с ибсеновской далью, бравший в костюмерной четыре костюма эпохи Елизаветы Английской на пятерых.

Зеленая голландская печь была натоплена с утра, восемнадцать стульев расставлены в три ряда. Из подвала были принесены дрова и из них построена рампа, и там, на шнурах зажигались две лампочки, голубая и белая. Днем (таков был обычай), в три часа, перед восемнадцатью зрителями, которые были оповещены о событии письменно, был разыгран водевиль «Теща в дом — все вверх дном», после чего занавес, сшитый из шести простынь Люлей, Люсей и Евгенией Меркурьевной, в последний раз сомкнулся, под бурные аплодисменты зала.

Это было год назад, после чего опять подошло воскресенье, последнее воскресенье месяца, когда по обычаю они играли. Была зима. Город был весь в снегу, пустой и тихий, полный великолепных военных и побитых штатских, хорошо расчищенный от иностранцев. В большом государственном театре новые правители произносили свои речи, театры поменьше были закрыты и перестраивались, в кинематографах показывались въезды и выезды, приемы и встречи знаменитых людей, перепоясанных ременными поясами, стройных, плотных и не старых. И так случилось, что никто не пришел смотреть очередное представление, и тогда они — о, ветреный, о, детский народ! — заиграли для самих себя одну из пьес своего репертуара.

Сначала не все были согласны играть перед рампой, сложенной из дров, за которой была пустота большого сумрачного чердака, с покатым потолком и зеленой печкой. Но это представление можно было отчасти счесть за репетицию. В следующее воскресенье сыграли опять то же, по обычаю всегда все играть по два раза. Через месяц, собравшись, обновили два акта Островского, которого не возобновляли четыре года. Потом, уже в феврале, откровенно признались друг другу, что не играть не могут.

И правда: говорить им друг с другом было не о чем, все друг о друге было давно узнано, но не имея другого зрителя, они могли играть друг для друга. Нельзя сказать, что между всеми этими шестнадцатью людьми была дружба, товарищество, или было согласие. Среди них было две пары, так сказать, законные — для отцов, матерей, пожилых добряков и интриганок, и две незаконные — для страстных сцен, коварства и любви. Были две недурненькие особы в возрасте тридцати лет, со схожими именами, одна смешливая, другая посерьезнее; они когда то учились в студиях юга России и что-то общее унесли с собой, какую-то бессмысленную загадочность и крайнюю податливость на чувства. Была, наконец, у Королевича пара — драматическая актриса Виолова, красивая пятидесятилетняя женщина, державшаяся на какой-то как будто жизненной грани: возраста, страстей, славы, и все казалось — один маленький шаг (ступня у нее была узкая, рука тонкая, таких когда-то воспевал Блок), один шажок, и вот все разрушится: здоровье даст трещину, грянет старость, любовник уйдет к другой, и женщина эта сядет вышивать — сдельно или почасно — у окна одинокой комнаты, в тридевятом царстве, в полуразрушенном чужом государстве...

Но меценат их был еще в городе, тот белокурый, седой,

122

толстый человек, что когда-то женился на русской. Он только никуда теперь не показывался, жил за городом и медленно, неслышно устраивал свои дела: переводил деньги из банка в банк, продавал дома, закрывал заводы, собирался уехать. К нему иногда ездили на розовом трамвайчике, в глубину темно-зеленой хвои, и вкусно, сытно у него обедали, пели ему здравицу, и жене его, и дочерям, подносили, по-таборному, на одном колене.

Прошлой осенью кончилось и это, а они все продолжали собираться и играть для самих себя в пустой мансарде. В заклад были отнесены не только сережки и кольца, но и юбки, и жилеты. Кто был помоложе, работал и пил, женщины с отчаянной кротостью принялись собирать по прачешным белье и его гладить. У Королевича за перегородкой жило еще двое, а Виолова снималась статисткой в фильме, содержание которого так и не удалось ей узнать.

Был среди них старый, матерый актер, лет сорок игравший еще в русской провинции, он жил без печки и без воды, сломал свои искусственные зубы, разбил очки, и теперь, стесняясь слепоты и дряхлости, держался в стороне от всех, сидел в дальнем углу и молчал. А недурненькие девицы, обе немножко влюбленные в Баара, пудря тальком красные руки и закусывая копченой рыбой, пьянели от горячего чая.

Рампа давно была сожжена. Королевич закидывал назад пышные волосы с волной и проседью, и, оглаживая бархатистое полное лицо (в той жизни ему не раз говорили: какая у вас артистическая внешность), Королевич лишенный костюмов и вместо грима употреблявший теперь какое-то розовое сало, все прислонялся к печке, от которой несло блестящим кафельным холодом.

— Главное — есть нечего. Главное — играть некому. Главное — топить нечем. Главное — деваться некуда, — говорил он, а Баар, в длинных руках согревая свои ноги, слушал его.

— Куда ни ехать, всюду уже есть такие, как мы, или похожие, — сказал отец семейства.

— А ехать-то куда? Куда ехать прикажете? — заговорил державшийся на амплуа простаков, — ведь не тянуть же на узелки европейские столицы.

— Страшнее всего, что не помрем, а так, неизвестно как, просто кончимся, — прошамкал «настоящий» актер.

Баар вскочил, запрыгал, чтобы согреться.

— Говорите! Говорите! Очень это у вас хорошо выходит. Из всего этого можно было бы сделать роскошную пьесу, — он обеими руками разнял табуретку и понес ее в печь. — Первый акт: случайные люди сошлись вместе, счастливая жизнь на обломках крушения, на папанинской льдине. Соединились в труппу, живут, не тужат. Даже скажем для убедительности, дети у них рождаются, кто-то в кого-то влюблен. Дни бегут, бегут, и так далее. Второй акт: происходит нечто, ну совершенно неважно, что именно, от чего они остаются одни. Ну там прозевали что-нибудь, или на роду было им написано. Катастрофа. Не все ли равно какая! Где-то мерещится им: города, большие и маленькие, полные зрителей, ходят и ходят там в театры, говорят между собой по-русски, аплодируют, беснуются... А дни все бегут. Третий акт... Да я лучше напишу все это... Ни грима, ни декораций, все — о натюрель. «Сцена изображает мансарду Королевича. Королевич у печки. Баар — в одних носках. Петр Иванович и Иван Петрович дуются в свои козыри, в отдалении Сергеев-Горский делает себе маникюр огромными ножницами».

Королевич: Это не театр. На меня будто наложили мое собственное подобие, негатив на позитив, получается реальность. Я этого играть не могу.

Баар: Вы уже играете. Кстати, нынче воскресенье. Вы помните, что это за день? Вы обязаны.

Сергеев - Г о р с к и й: На плавучей доске в этот день давались представления.

В и о л о в а: Да вы послушайте только, поймите! Играю и сама не знаю, что именно. Спрашиваю: в чем содержание? Сюжет-то какой? Говорят: это вас не касается, да мы и сами его хорошенько не знаем. Дано название, дан метраж... Нет, вы послушаете, ведь это ужасно! Как же играть?

Б а а р: Господа, а ведь начнется с того, что нас всех арестуют за просрочку паспортов. Надо что-то решить, что делать дальше.

Л ю л я: Я лягу спать, Королевич, можно на вашем диване?

Петр Иванович: Вы с чего пошли только что? С бубен?

Иван Петрович: Я не обязан, батенька, такого правила нет, чтобы отвечать вам на все вопросы.

Королевич: Стойте! Прекратите это! Ведь это же гадость! Я не желаю участвовать в этой мерзости. Я сейчас Шекспира начну декламировать. Мне просто жутко от такой галиматьи.

Б а а р (смотрит в тетрадку): Все это вы говорите совершенно точно, по роли.

Королевич (становясь в позу):

О, мощный Цезарь, ты лежишь во прахе!
Пред славою твоих завоеваний,
Триумфов и побед склонялся мир,
И что ж ты стал теперь? Лишь горстью праха...
Прости, прости!»

или мы актеры или мы все сошли с ума? Освободите меня, пожалуйста, от всего этого.

Л ю с я: Не размахивайте так руками, Королек. Когда я размахиваю, вы на меня кричите.

125

Евгения Меркурьевна: Что ж, коли нет костюмов, придется значит в своем собственном играть.

Пожилая актриса (тихо): А собственное-то все в дырах.

Актриса помоложе: Мне сегодня письмо пришло из Белграда, сестра к себе зовет.

Б а а р: Господа, я опять призываю вас к благоразумию: довольно мы наделали глупостей. Давайте же что-нибудь решим, так дальше продолжаться не может.

Королевич: И это ваш третий акт? Да по какому праву? (срывает с окна бархатную занавеску и закутывается в нее, как в тогу):

> Прости меня, кровоточащий прах,
> Что ласков я и нежен с палачами.
> Такого мужа мир еще не видел!
> Проклятье тем, кто в прах его повергли!
> Дух Цезаря о мщении взывает...

Все это произошло за месяц до рождества, и это было их последнее представление.

Из шестнадцати человек сейчас в городе осталось всего пятеро: двое действительно были взяты при облаве и посажены в тюрьму за просрочку документов, их вероятно скоро вывезут на какую-нибудь границу. Виолова устроилась на съемках и пока кормит и себя, и Королевича. Они поселились в маленькой гостинице, где раньше живали студенты, художники, натурщицы и музыканты. Сейчас они там одни. И на улице совсем темно и пусто, особенно вечерами. Баар — в больнице.

Остальные выехали, кто — куда. Трое получили визы во Францию. Сергеев-Горский умер.

1939

АРХИВ КАМЫНИНОЙ

Камынину приснился странный сон, — только через несколько дней выяснилось, что сон был самый обыкновенный. Он увидел себя крошечным, не больше мухи, в собственном раскрытом рту. Он узнавал свои громадные, еще крепкие зубы, по которым карабкался, как по скалам, с опаской поглядывая на покоящийся неподвижно и все-таки страшный язык, на высокое нёбо, до которого при всем старании, он никак не мог достать рукой. Все это было самого будничного, красноватого цвета и только два полукруга зубов с их черными пломбами чернели скользко и влажно.

Мимо передних двух зубов, узких и тесно прижатых один к другому, по изнанке длинного клыка, он прополз к первому коренному, широкому, желтому, с серебряной пломбой, и собрался присесть на его острый край, когда он увидел, что за пломбой зияет щель, из которой дует холодом. Он просунул голову. Это был ход, ведущий неизвестно куда. Камынин решил войти. С трудом пролез он на животе, цепляясь пиджаком за острые выступы, протянув вперед руки. В темноте был поворот, потом еще один. Проход становился все шире, уже можно было встать на четвереньки. Внезапно впереди блеснул свет и через мгновение открылась даль с небом, озером, цветущими деревьями, с какой-то статуей над тихо журчащим фонтаном.

В ту же минуту он подумал: только бы не проснуться! Чувство радости охватило его, чувство покоя, свободы, странной поэзии, которая утром исчезла, и, проснувшись, он даже подумал, что пейзаж слегка смахивал на пейзаж конфетной коробки или открытки из тех, которые посылаются из горных местностей. Что-то в нем было слишком розово, слишком серебристо, слишком нежно смотрела статуя в голубую даль, и так чист был водоем, и такое вокруг было густое и сверкающее цветение.

Но во сне хотелось одного: не просыпаться. Погулять вокруг, посидеть на зеленой скамейке; может быть, встретить кого-нибудь, кто прибрел сюда тоже не совсем обыкновенным способом; вообще остаться здесь, не возвращаться. Но сон, конечно, кончился как-то очень скоро. Камынин зажег свет, посмотрел на часы, потрогал зуб, надавил. Было только немножко больно.

Через несколько дней зуб уже болел по-настоящему, и Камынину пришлось отправиться к врачу. Он давно не лечился, но помнил, что лет восемь тому назад был у одной дантистки, которая большими, нежными руками, влажно пахнущими мылом, что-то ковыряла в этом самом зубе. Она делала это так уютно, так медленно, была сама такая тихая, белая, так вяло и сонно звякали на стеклянном столе металлические инструменты, что Камынин решил пойти к ней: несмотря на то, что принимала она его в холодном, выкрашенном масляной краской кабинете, ему тогда стало хорошо от ее молчания и скрытой силы.

— Пойди непременно, — сказала ему пожилая дама, с которой он жил, и которая всегда уговаривала его сделать именно то, на что он уже сам был согласен. — От зуба бывают осложнения. Она тебе положит туда что-нибудь. Пойди непременно.

Он не помнил ни адреса, ни имени, но помнил улицу. Походив немного взад и вперед, он нашел дом и дощечку, и уже по аптечному запаху на лестнице понял, что это здесь.

В приемной сидело трое, но сама приемная напомнила ему сразу все забытое, бывшее восемь лет тому назад. Все было то же, но он был другой. В этом самом кресле он сидел тогда, ежась от боли и страшно спеша, потому что та женщина, с которой он теперь жил, ждала его в кафе на углу, обещала так

128

и быть дождаться, если это не будет слишком долго и если она не соскучится. Он тогда еще не жил с ней, а только встречался, и она так капризничала, что он просто не знал, что делать, как ей угодить. Мысль о том, что она уйдет, рассердившись, и потом будет упрекать его, и боль, сверлящая под самым глазом, так мучили его, что он тихо ныл, не отрываясь смотря на дверь. А над дверью, под самым потолком, висела окантованная картинка: что-то отдаленно напоминающее «Хирургию» Чехова. На столе лежали журналы, иллюстрированные, затрепанные. Давно это было. Грустно вспоминать и немножко смешно сознавать, что все меняется, одна приемная зубного врача остается.

Тот же сумрак в окошке, тот же дом напротив, тот же рояль, на котором может быть за эти годы никто ничего не сыграл, те же люди ждут и вероятно та же милая, белая, кроткая и сильная женщина, если конечно не умерла, не продала, не уехала. И только он другой, и жизнь другая, и взбалмошная особа постарела, не ждет его больше, и не носит ярких платьев, которые он так любил на ней. Как и восемь лет тому назад, на столе лежали журналы, книги, больше французские, но были и русские. Был четвертый том «Чтеца-декламатора», начинавшийся «Вороном» Эдгара По, роман «Погибшие струны», наверное очень интересный, советский ежемесячник (книга десятая), печатающая всевозможные литературные и исторические документы. Камынин открыл ее, прочел оглавление и в нем вдруг все на мгновение остановилось.

В это время открылась дверь и, по другому причесанная, с мягким лицом появилась дантистка, вопросительно взглянула на сидящих, поклонилась ему, не узнавая, и впустила какую-то барышню. Опять все стало тихо. Между тем, Камынин опять перечел оглавление советского журнала, потому что в нем для него было что-то до того необычайное, до того невероятное, что надо было сейчас же выяснить, поймать, понять.

Между донесениями Бенкендорфа, перепиской Страхова, рассказом о последних днях профессора Павлова, неизданным восьмистишием Полежаева, он прочел: «Из архива З.Н. Камыниной». З.Н. Камынина была его мать.

Восемьдесят вторая страница. Он перелистал книгу, нашел. В небольшом предисловии сообщалось, что в библиотеку имени Ленина в Москве недавно поступил чрезвычайной ценности архив, «еще ожидающий своего историка»; З.Н. Камынина, говорилось дальше, в течение одиннадцати лет была «подругой жизни» человека, каждая черточка жизни которого есть ныне достояние потомства (здесь была доставлена фамилия, от которой у Камынина сердце встало поперек груди). Архив этот состоял из трех частей: а) переписки Камыниной с этим человеком — 117 писем ее к нему и 93 письма его к ней; они частично печатаются ниже; б) подготовляющегося к печати ее дневника за годы 1907-1918, времени их близости; и в) воспоминаний дочери Камыниной, недавно умершей, о своей матери, «женщине весьма примечательной для своего времени». В конце сообщалось, что писатель Павликов в настоящее время готовит роман, где будет описана любовь Камыниной, роман, основанный на тщательном изучении опубликованных и еще не опубликованных документов.

Камынин шумно водил ногами под креслом и подбирал дыхание. Опять открылась дверь, но не та, другая, и в приемную вошел господин с мальчиком лет десяти. Долго выбирали они место, где сесть. Камынин увидел, что он второй на очереди и повернувшись спиной к сидящим собрал в руку страницы книги, словно хотел их выдернуть, но только слегка смял.

Оскорбительна была эта четкость печати, ведь письма наверное были неразборчивы, как все вообще письма, и наверное — все разные. Оскорбительна была эта четкость дат, поставленных в скобки, со звездочками, сносок у собственных имен и мельканием здесь и там такого невозможного, такого открытого «ты».

В эти годы он уже кончил училище, был призван, был значит взрослым, все понимал, все видел, а вот не увидел, не угадал. И даже теперь он не может выкопать из памяти того человека и свою мать, вместе, рядом, их не было. Дикий сад, вечерний сырой сумрак дачного поселка, или городская квартира, он никогда не видел их наедине. Жили открыто, принимали, угощали, выезжали... Но где был он? Были фотографические снимки, в Симеизе, но его на них не было. И заграницу она ездила, но не с ним! Разговор был у Камынина с ней однажды (захлебывался он в воспоминаниях): Не кажется ли тебе, мама, что писатель часто бывает меньше своих книг, вот например как... Но что она ответила, он не запомнил.

— Ваша очередь, — и круглая рука пригласила его в белую дверь.

Он встал, бледный, растерянный, пошел на приглашение.

— На что жалуетесь? — спросила дантистка моя руки за его спиной, а он усаживался в кресле, прилаживал голову.

— Я уже был. Давно. Вчера заболело. Я думаю, там дыра.

Она, наклоняя к нему лицо и налегая телом на ручку кресла, поймала зеркальцем дупло и тихонько запустила в него что-то острое.

Он терпеливо смотрел на ее щеку в легком ровном пуху и пудре, на шею с двумя женственными складками.

— Придется закрыть, — сказала она со вздохом, и грустно посмотрела на него.

— Пожалуйста, только чтобы не болело. Вы уже тогда говорили, что нужно закрыть, да как-то не вышло.

— Да, я помню, — неуверенно ответила она и поискала что-то на полочке. — Теперь это необходимо, иначе зуб потеряете. Поставим красивую коронку. Но сперва полечим, нерв уберем.

И быстро, как будто стесняясь его и себя, нежной, но уверенной рукой она засверлила ему больной зуб.

Все было тут: стыд за свою слепоту и наивность, и какая-то пошлая гордость, и обида за отца, и страх, что он мог прожить и не узнать, и таким диким способом узнанная новость о смерти сестры Ани, а главное ощущение полного одиночества, какое подступает к человеку не больше двух-трех раз в жизни — некому сказать, не к кому пойти. Вот, значит, как прожила она свою жизнь, и теперь принадлежит потомству...

— Мне больно, — сказал он невнятно. Машина остановилась.

— На сегодня довольно, — сказала дантистка, — приходите во вторник. А на той неделе мы, может быть, его уже закроем.

Она положила в зуб лекарство, то самое, которым пахло на лестнице, и улыбнулась.

— У меня к вам просьба, — сказал он, уже вставая с кресла и смотря на вырез ее белого халата, заколотого английской булавкой, — до вторника, только до вторника, разрешите мне взять номер там одного у вас журнала, на столе лежит. Я непременно верну его, я всегда возвращаю книги.

— Возьмите лучше «Погибшие струны», — сказала она с убеждением, — а впрочем, возьмите журнал. Если у вас дома есть что-нибудь почитать, принесите мне, я очень люблю читать, и пациенты любят.

Он вышел и на углу, в том самом кафе, где когда-то сидела и поджидала его капризная дама (и кафе было то же, и хозяин тот же) сел за столик.

Когда мать умерла, он был в Крыму, был далеко, никого не видел, воевал, странствовал, болел после ранения, оторвался от

132

дома. И вот теперь память подламывается под ним: сам по себе остается безмятежный, ложный в своей безмятежности, облик матери: близорукими глазами она смотрит в нотный пюпитр, а руки ее тихонько что-то делают над клавишами; вот вокзал в облаке вечернего тумана, и ее улыбка в окне; дальше — гром бальной музыки и дымчатое платье с шлейфом, первая дымчатая седина над виском — какая же ты молодая! Сам по себе остается этот образ, и сам по себе остается — и тоже движется — облик мужчины с твердым мужицким лицом, тонким голосом и русской лысиной, чье-то крылатое слово дополняет его: «В самом свинстве его всегда был заметен талант».

Его письма показались Камынину тягостно-скучными, нравоучительными, слишком многословными. Мелькали в них имена его самого, сестры, и даже его отца. Комментарий был сделан добросовестно. Ее письма были приведены в извлечениях, их было больно читать. Она любила его.

Во вторник он вернул книгу. Опять близко наклонялась чужая, молодая еще, равнодушная женщина, касалась его лица, заслоняла собой всех других. И ему казалось, что она говорит:

— Плотно закроем. Придавим. Заделаем. Наденем красивую коронку. Чтобы не снились сны.

1939

СТРАШНЫЙ СУД

Как хороши, как свежи были розы!

— Я познакомился с Ланским двадцать лет тому назад, еще в России (в год, когда наш государь император отрекся от престола). Он только что вышел в офицеры, ему было лет двадцать пять. Это был молодой человек вполне комильфо, однако, с примесью того, что называлось в нашем обществе авантюризмом. Кажется — страстный игрок и большой аматер до женщин. С фронта он вернулся с Георгием, много шумел по Москве, но бывал всегда только в приличном обществе. Потом я встречал его на юге России, когда уже начались безобразия. Он ни в одном городе не мог ужиться, вероятно, по беззаботности своего характера, и во время гражданской войны я видел его и в Киеве, и в Крыму, и в Одессе. Одно время он, говорят, скупал какие-то земли в Херсонской губернии. Под Севастополем храбро дрался, как подобает кадровому офицеру. Позже я встретил его уже в Константинополе, он, если не ошибаюсь, держал там ночной ресторан, дела его шли блестяще. В Париже мне не довелось с ним столкнуться. Я слышал, что он одно время сильно нуждался, ночевал чуть ли не на улице. В конце концов, он женился на этой вот даме, которую я сейчас вижу в первый раз. Мнение мое о нем, если позволено будет сказать, сложилось такое: в высшей степени порядочный человек, энергичный, но не очень умный...

— Благодарю вас, — прервал предредатель, — ваше мнение суду совершенно не интересно.

— ...не очень умный, — заторопился свидетель, — неустойчивый.

— Я знал Ланского хорошо. Мы несколько лет прослужили с ним вместе в акционерном обществе Арсэвита. На службе это был исполнительный, аккуратный человек. Ему даже доверяли иногда крупные суммы. Ни о какой принадлежности его к какому-либо тайному обществу я никогда не слыхал. Жену его я видел несколько раз. Она иногда заходила за ним в контору. Мы никогда не слышали, чтобы он изменял ей; женщины, кажется, его совершенно не интересовали. По-моему, он был слегка неравнодушен к спиртным напиткам. О политике мы говорили с ним редко, насколько я мог понять, он был умеренных взглядов. Потом он ушел из Арсэвиты. Случилось это внезапно, Он объяснил, что нашел другое место, в каком-то кинематографическом деле. Это было в ноябре. С тех пор я потерял его из виду.

— Я близко знала Ланского и его жену, потому что мы долгое время жили с ними на одной лестнице. Она иногда заходила к нам днем, когда муж бывал на службе. Мои брат и я часто бывали у них по вечерам. Они жили дружно. Он конечно был человек не совсем обыкновенный, с тягой к лучшей жизни, но мне кажется, в последнее время семейная жизнь понемногу переменила его. Он бывал очень занят и иногда возвращался домой только к ночи. Мне никогда не приходило в голову, что у него могла быть вторая жизнь. Когда мой брат умер, я переехала и стала бывать у них реже. В последние месяцы мы почти не видались. Мне кажется, приблизительно с Рождества они стали жить очень уединенно. На предварительном следствии вышло так, будто я сказала, что мой брат перед смертью признался мне в том, что Ланской якобы хочет убить одного человека. Это было не совсем так и в протоколе записано неверно. Брат сказал мне: Ланской странный человек: он мог бы убить и не дрогнуть. Вот и все. Но я все-таки никак не могу поверить...

— Благодарю вас, — сказал председатель и поставил перед собой руку веером.

— Нам доподлинно известно, — медным голосом прогремел прокурор, еще не старый, худой, с начесом на лоб сизых волос, — нам известно из показаний других свидетелей,

— и он трахнул кулаком по лежавшим перед ним бумагам (но никто не поверил ни кулаку, ни голосу, и на минуту в воздухе спустилась тень театрального представления), — нам совершенно ясно, что подсудимая была в интимных отношениях с вашим покойным братом. Что вы нам скажете по этому поводу?

— Нет, этого не было. Была только дружба, и с нею, и с ним, с Ланским. Брат мой был уже очень болен в это время. Я вообще считаю...

— Вы свободны, — сказал председатель и задвигал тяжелыми, негнущимися бровями.

Но Аллочка, нарядная, в белых перчатках и в нарочно для этого случая купленной новой шляпе, надушенная, большеглазая, не хотела уходить.

— Я хочу еще добавить, что когда Ланские только что поженились и он был без места, Ланская брала на дом шитьё и несколько месяцев они жили на то, что она зарабатывала.

Председатель опять выставил перед собой руку веером. Маленький, с огромным носом фотограф подбежал к Аллочке, вспыхнул магний и двенадцать присяжных (шесть усатых и шесть безусых) увидели в упор на них устремленные умоляющие, полные слез Аллочкины глаза. Она шарахнулась из-под магния и едва не упала на следующего, подходившего вразвалку, с черным пластырем на одном глазу. Этот глаз у него был глубоко вдавлен, а другой имел в себе что-то птичье.

— В десятом часу вечера, в тот самый четверг, только что мы с женой пообедали, в дверь постучали. Какой-то мосье спрашивал Ланского. Я сказал: четвертый этаж налево и заметил, что на мосье было старое коверкотовое пальто. До того дня я никогда его не видел. Приблизительно через час, я еще не ложился, я услышал, как кто-то тяжело спускается с лестницы. Я увидел Ланского; он вел мадам, обняв ее за талию. Я нажал кнопку, чтобы открыть им дверь, мадам у лица держала платок и была без шляпы. Я подумал: а где же их гость? И куда они так поздно? В этот день, смею сказать, к нам приехала дочка с зятем. Дочка тогда ожидала младенца и мы положили ее на нашу кровать, и зятя тоже, а сами с женой легли на полу, на матраце, который для такого случая специально нами приобретен.

— Ближе к делу. Это никого кроме вас не касается.

— Прошу прощения. Я сейчас. О чем это я? Да, так вот легли мы и заснули, а утром я встал и пошел выносить золу во двор, и вдруг вижу: в квартире Ланских свет горит. Девять часов утра, солнце, а у них зажжено электричество. Каждый час ходил я смотреть, и звал соседей. Звонили, стучали, а к вечеру позвали полицию. Когда взломали дверь, то мосье в коверкотовом пальто лежал, как я уже имел честь докладывать, лицом вниз посреди спальни, а шляпа его была положена на стул. Радиоаппарат был опрокинут, револьвер валялся тут же, и кровь, когда его подняли, до того залепила ему все лицо, что в первую минуту я не узнал его и подумал, что это сам Ланской.

Медленно, спокойно, с барской самоуверенностью на широком бритом лице (которое его друзья и любовницы называли мордой) подходил к барьеру Калязин, поводя глазами и играя низким покашливаньем.

— Да, она провела ночь у меня, — сказал он, в упор глядя на председателя, — она пришла часов около двенадцати, а ушла в семь. Мы оба не сомкнули глаз, конечно, потому что оба были взволнованы. Сперва она сказала, что потеряла мужа на улице, а домой боится идти, потому что у нее такое нервное состояние. Потом она плакала и говорила, что муж бросил ее. Поймите мое положение! Ведь мы, господин председатель, друзья с ней — только, ни-ни чтобы этого или там как-нибудь. Я ее знаю с юности. Ну там, в юности, может, и была какая-нибудь глупость, да ведь это давно забылось. С тех пор я был три раза женат, да и она нескольких мужей переменила.

Где-то дрогнул смешок. Председатель опять поднял руку веером.

— Войдите в мое положение, — повторил Васька Калягин, рисуясь и изображая из себя старинных кровей аристократа, друга детства Николая Второго, одним словом, де Калязина, — сидит у меня женщина и плачет. А утром, чуть рассвело, иду, говорит, в полицию. Ну, тут уж я отговаривать стал. Подожди, говорю, голуба, хоть до вечера. Может с тебя сойдет, говорю, дурь. А то каково же мое положение? А она мне: мы, говорит, человека убили.

Прокурор, откидывая рукава черной мантии и простирая жилистые кулаки в пространство, вскочил со своего кресла. Все, что он ни делал, было фортиссимо, и рядом с ним, величественным трагиком, все остальные казались комедиантами любительской сцены.

— Я кажется услышал правильно? — загремел он. — Она сказала «мы» убили?

Адвокаты заметались на своей скамье и один из них выкрикнул фальцетом:

— Это было сказано фигурально. Притом она была на грани истерического припадка.

Васька Калязин подождал минуту, словно собираясь с мыслями, и с удовольствием повторил:

— Мы, говорит она, сейчас человека убили. И кто он, говорит, мне совершенно неизвестно. Муж мой, говорит, вывел меня из дому, завел на какой-то перекресток, против сада какого-то, сказал, чтобы я его ждала, а он только за папиросами сбегает. Я его ждала — сколько, не помню, может быть час, а может быть и пять минут, а потом пошла, куда глаза глядят. И вот до тебя дошла. Не гони, говорит, дай мне передохнуть, я, говорит, утром постараюсь тот угол против сада найти, может быть, он меня еще там дожидается. А не найду, говорит, так еще в одном месте поищу...

Присяжные шевельнулись.

— И уж если в этом месте не найду, то тогда предамся в руки правосудия.

И Калязин низко поклонился.

— Господин Пшепетовский, — сказал председатель и уронил лицо в руки (у него была такая привычка, и залу каждый раз казалось, что он сейчас застонет от съедающей его скуки). — Господин Пшепетовский, спросите подсудимую, что она хотела сказать, когда хотела сказать, ну да, то есть, что она подразумевала, когда говорила, что встретит мужа в одном месте? Было ли это условленное у них место свидания, или квартира какая, и почему имелось такое место, для каких надобностей? Не скажет ли она нам адрес, и не объяснит ли почему в конце концов она никуда не пошла, а прямо отправилась от свидетеля в комиссариат полиции?

Маленький, толстый человек быстро встал со своего места, облокотился о дубовую низкую загородку, за которой сидела Лена Ланская и нагибаясь к ней, и смущаясь, спросил:

— Президент опрошают: где имеется «одно место»? Где оно такое есть? Они опрошают: было или не было звидания у вас и с супругом?

Он смущался от того, что не знал русского языка, но русский переводчик был занят в этот день не то в Версале, не то в Мо, и Пшепетовскому пришлось заменить его, чем отчасти он был польщен.

Она сидела на длинной дубовой скамейке совершенно одна. За ее спиной стояли городовые. Но минутами ей начинало казаться, что тут же рядом с ней сидит он, которого нет. Только он сделан не из плотного вещества, из которого сделаны адвокаты и городовые, а из чего-то прозрачного, и виден ей одной, и сквозь его бессмысленно улыбающееся лицо и грудь (жилет, галстук, булавка) сквозила зала: лицо пристава, румяное, с глазами похожими на изюм, выпускающего и впускающего свидетелей, лица репортеров, среди которых был один русский, тихо сказавший ей, когда она вошла: «Держитесь. Могут дать пять лет». Он сидел здесь, на лавке, очень бледный, смотрел на нее с милым и нахальным видом, словно только что соврал ей что-то. И опять его не было, и она старалась не поворачивать головы в ту сторону, чтобы только чувствовать, но не видеть его присутствия.

Русский репортер эмигрантской газеты крепкими пальцами с короткими широкими ногтями маленьким карандашным огрызком начал писать на листе бумаги:

«Один. Скобка. Точка. Почему он вывел ее из квартиры? Почему не убежал один? Она боялась остаться с трупом. Выиграть время. Хотела бежать в участок. Муж боялся, что она побежит в участок.

Два, Скобка. Точка. Почему он обещал ее встретить в условленном месте? Это всё враньё, добра ей не принесет. Он знал, что не вернется в тот угол. Бежал. Куда?

Три. Скобка. Точка. Спросить маму, сколько стоит билет к тете Веке и ехать в субботу, если меньше тридцати. В противном случае намекнуть, чтобы оплатила проезд туда и обратно».

Потом пошло столбиком:

«27.50

8.90

2.20

38.60»

Он посмотрел на Фемиду с весами, на большие часы и продолжал:

Четыре. Скобка. Точка. Опознали убитого по документам в кармане немедленно. Месть? Старые счеты? Сколько лет ждал? Ее — за соучастие. Хорошенькая.

38.60.

Если самому за билет — останется 8.60 и ждать до вторника.

Пять. Скобка. Точка. Скучно мне. Скучно. Ску. Очень ску. Как тому направо, который выпустил слюну на подбородок, заснул. Сегодня — 220 строк, завтра 180 строк, послезавтра — приговор. Клише. Портрет. 38.60 и еще может быть 1.25. Туговато.

Туго.

Вата.

Тугов.

Дата.

Карачун.

Зарплата

Кременчуг.

маловата.»

На все вопросы она отвечала через переводчика. Пшепетовский старался создать атмосферу доверия, наклонялся к ней отечески и смотрел ей в лицо большими, серьезными карими глазами, в которых плавал ее взгляд, заплывал в них глубоко, и тогда она опускала веки. От Пшепетовского сильно пахло нафталином и окурками и иногда ей опять на ум приходили какие-то странные подозрения, что Ланской здесь, но не на скамейке призраком самого себя, а в публике, живой, здоровый, отпустивший бороду, обритый наголо, стоит вон там, в глубине зала, стиснутый другими любопытными, стоит и слушает, свободный, легкомысленный, смешливый, издали смотрит на нее и старается не смеяться. Он

141

велел ей никому никогда ничего не говорить больше того, что люди сами знают. Ах, какое интересное правило! Люди ничего не знают. И она научилась не говорить. Вот она с адвокатом в незнакомой пустой комнате. Адвокат говорит, что должен знать, на чем построить свою защиту. А ей хочется вылететь на крыльях в высокое окно, прямо в небо, по которому ходят трамваи. Адвокат был знаменитый, таких умных людей она никогда на своем веку не встречала, он выпытал у нее многое, а потом вдруг в один непохожий на другие день остановил ее, сказал, что ему довольно знать и большего он знать не хочет, что ему это только испортит всю музыку. Он так и сказал: «музыку», и она подумала тогда: неужели это все только музыка, и я часть этой музыки — тири-лири-там-там-там... И больше ничего.

Часовая стрелка над Фемидой дрогнула. И я, сидевшая рядом с русским репортером, вдруг увидела в высоком окне башню, на которой зажглось три огня. Три луны висели прямо передо мной: два циферблата башенных часов (повернутые ко мне боком) и настоящий круглый, бледноватый месяц, похожий на эти одутловатые циферблаты, как брат. Три луны висели в небе, и сто лет тому назад эти три луны непременно предвещали бы что-нибудь недоброе.

— Но я принужден напомнить вам одно постановление, — продолжал чей-то голос, — одно постановление восемьдесят седьмого года. (Это, кажется, был второй помощник защиты). И это постановление...

Его голос не успел спуститься к концу фразы. Внезапно что-то произошло. Все головы повернулись вправо. Высокие двери с вырезанными на них мифологическими фигурами поплыли в разные стороны. Я думала о трех лунах и упустила мгновение, когда председатель сказал приставу с медной бляхой — «впустите следующего». Двери поплыли и в зал вошла жена убитого. Адвокаты торжествующе взглянули на прокурора, по публике прошел ветерок, прошелестевший в молью траченных меховых воротниках.

142

«Шесть. Скобка. Точка. Два билета на «Отдайся мне!» — 5.90. Откуда взять. Занять? Магдалина, кто дал тебе такое имя? У меня еще не бывало Магдалины.

Роза

Елена

Тамара

Дезире

Жанна

Симонна

Надежда

а теперь будет Магдалина. Магдалина, отдайся мне!»

Три луны сто лет назад предвещали бы мировую катастрофу, падение царств, нашествие врага, пленение городов и весей, глад, мор, погибель, а сейчас у нас они горят и светят совершенно зря, никто не замечает их, кроме меня. И помощник адвоката грозится прочитать одно постановление восемьдесят седьмого года. Одно постановление... Слева сидит человек с серьезным лицом, похожий на Тургенева, справа сидит другой — он тоже похож на Тургенева, но как это ни странно — они вовсе не похожи один на другого. Мне хочется есть. Мне хочется домой. Я ничего не предугадываю, в голове моей плывут какие-то образы. А русский репортер все строчит. Часы показывают без десяти шесть и скоро объявят перерыв.

— Я не знаю этой женщины, я никогда не видела ее. Я даже не знала, что она существует, — что-то дерзкое, слишком яркое и сильное начинает звучать в ее голосе. Она старше Лены Ланской, ей лет под сорок, — и по правде говоря и знать не желаю, кто она...

— Я призываю вас к порядку.

— Ланской был шесть лет моим любовником. Он никогда не говорил мне, что он женат. Муж узнал об этом из анонимного письма, он решил убить Ланского. Я сказала об этом ему, он купил револьвер. Мы решили бежать, но как видите, я — здесь...

— Свидетельница, ближе к делу.

— Ближе и быть нельзя... Мы решили бежать, но в последнюю минуту Ланской решил поступить иначе — он решил бежать один. Так я понимаю его поведение.

— Если он решил сбежать от жены и любовницы, раздался шепот за моей спиной (это «Пари Суар» шептал «Таймсу»), — но зачем было убивать человека?

— Ш-ш-ш! Он убил защищаясь, теперь все ясно, сейчас конец. Ланскую выпустят.

Присяжные любят такие минуты. Усатые и безусые смотрят в упор на свидетельницу. Прокурор прикурнул. (Я, кажется, стараюсь острить?). Два Тургенева вдруг проснулись, один высморкался, другой откашлялся. Русский репортер строчит: «... разорвалась бомба. Это было за пять минут до конца. Адвокаты выпустили под занавес жену убитого и она заявила...».

Женщина поворачивается и я вижу ее профиль, с твердым подбородком, сверкающим глазом...

«... Где-то, когда-то, давно-давно я прочла одно постановление...»

1940

144

СУМАСШЕДШИЙ ЧИНОВНИК

Неделю тому назад к Ане Карцевой пришел вечером гость — ее родной дядя, брат ее матери, высокий седой человек с голубыми глазами и белым вздернутым носом. Он всю жизнь считал, что лицом похож на Скрябина. Аня вспомнила об этом сейчас же, как только его увидела.

В ней самой ничего не было от дымчато-пепельной, нежной и легкой породы матери, она вся была в отца: черные брови, черные глаза, широкая кость, тяжелые руки. Отец ее был прекрасным наездником, и сама она лет до двадцати говорила и думала только о лошадях. Но все это давно прошло и забылось. Теперь она служила в экспортной конторе и жизнь ее была заведена как часы.

Прежде даже чем раздеться, дядя, окинув взглядом комнату, из которой дверь была открыта в кухню, объявил, что оставаться на ночь он не намерен, что приехал он вчера и остановился у одного знакомого повара, у которого есть свободный диван. Повара этого он разыскал... На этом он перебил сам себя, очевидно решив не пускаться в длинные объяснения, где и как он имел случай подружиться с поваром. Дяде было лет шестьдесят, звали его Сергей Андреич, и жизнь свою он когда-то начал в Петербурге, на казенной службе. Аня едва успела вернуться со службы, как соседка ее по квартире, цыганская певица, стукнула в дверь: «Вас спрашивает какой-то господин.» Ане на мгновение показалось, что, наконец, наступил час, которого она ждала больше трех лет: это пришел Гребис, человек, по которому она сходит с ума и который, наконец, понял, что ему надо сделать. И вдруг она услышала чужой голос, немного скрипучий, немного манерный, но все еще приятный: «Я может быть не вовремя, Нюрочка? Ты может быть занята, Нюрочка? Да, это я, Нюрочка».

Аня выглянула в переднюю. Дядя Сережа стоял, худой и седой, в галстуке с разводами и с черной сажей в углу голубого глаза.

— А! — сказала она, — откуда ты?

Он приехал из Антверпена, они не виделись лет двенадцать.

«Удивительное легкомыслие: ехать в чужую страну, в незнакомый город, имея в кармане два-три адреса поваров и конторщиц, и может быть ночных сторожей, — думала Аня, — на что он надеется?»

— Дядя Сережа, я совершенно не понимаю, на что собственно ты надеешься?

Волосы у него были легкие, пышные, костюм сидел прекрасно, но был весь в штопке.

— Видишь ли, Нюрочка, — говорил он, играя лицом, голосом, покачивая носком перекинутой ноги, — видишь ли, дитя, самые лучшие наши поступки это те, которые мы сами, так сказать, объяснить себе не можем. Есть такие птицы, летят, сами не знают куда. Я забыл, как они называются, но это все равно.

— Нет таких птиц, — сказала она уже их кухни, где старалась придумать, чем бы его накормить. — Всякая птица любит порядок и календарь. И я удивляюсь, что ты этого не знаешь.

Он шаловливо засмеялся и пересев, перекинул другую ногу.

— Зачем же мне это знать, Нюрочка, если ты это знаешь? Я лучше буду знать что-нибудь другое. И тогда уж мы вместе... — он сбросил пепел с папиросы прямо на пол, улыбнувшись сам себе, и весело посмотрев кругом. — Жизнь прекрасна, — он вздохнул, — даже для такого старого ветреника, как я.

146

Когда они закусили, она рассказала ему про экспортную контору, про блестящего, всесильного, всезнающего Гребиса, и как он ее ценит. У Сергея Андреича была привычка взмахивать рукой, точно он снимал воображаемый локон со своего плеча, когда он слушал. Потом заговорил и он. Аня узнала, что он приехал сюда потому что в Париж переехала госпожа Колобова, вот уже двадцать два года как он без нее жить не может, с самой Ялты.

— Да что ж ты не женишься на ней?

Он смутился, однако приосанился.

— Что ты, что ты, дитя, у нее есть муж, она его любит, он прекрасный человек, она его не оставит

— Тогда давно пора плюнуть.

Он заерзал на стуле.

— Ах, какая ты, Нюрочка, ну как же так не понимать? Ведь это и в литературе бывало, живет, знаешь ли, такая женщина, необыкновенная женщина, красивая, властная, умная. Немножко иногда капризная, но особенная, нельзя не безумствовать, если ее узнаешь. Всё вокруг как-то пресно в сравнении с ней. Ну и потеряешься совершенно, станешь за ней ездить по всем городам, стараться, чтобы ей покойно было, стараться, чтобы и мужу было хорошо. Каждый вечер все к ней, да к ней, поселишься где-нибудь поблизости. Муж ее, Федор Петрович, другой раз вечером уйдет, ну и сидишь с ней вдвоем, рассказываешь ей что-нибудь, или пасьянс раскладываешь вместе, «Сумасшедший чиновник» называется, никогда не выходит. Или слушаешь ее, всякую мелочь женскую она мне рассказывает, и все так интересно. Советуется. Потом скажет «устала» и спать пойдет. А ты сидишь уже один у них в столовой, ждешь, когда Федор Петрович вернется, чтобы ее одну не оставлять. Сидишь, читаешь, дремлешь, или так, смотришь на ее дверь, куришь, думаешь. И так счастлив ты в этой тишине, и так тебе хорошо, как нигде на свете.

Аня вдруг громко захохотала.

— И так двадцать два года? Все «сумасшедшего чиновника» раскладываете?

Сергей Андреич подождал пока она перестанет смеяться. Ее смех нисколько не обидел его.

— Какая ты, Нюрочка, странная. Ведь она своего мужа любит, и есть за что. Я тебя познакомлю с ними, ты увидишь, что он за человек, прелестный, широкий, все понимает. Работает, как вол, только чтобы все ей было. Избаловал он ее ужасно, но ей это, представь, очень к лицу. И капризы, конечно, немножко, но это ничего, даже мило.

— Да сколько ей лет?

— Под пятьдесят, — сказал он с маленькой запинкой, — но не выглядит. Да вот карточка ее, неудачная, она в действительности лучше.

Он вынул из старого бумажника фотографию и дал Ане в руки. На ней была изображена дама, очень полная, небольшого роста, с лицом правильным, но довольно сердитым. Одета она была в длинное платье и меховое боа. На голове ее сидела огромная шляпа.

Аня жадно рассмотрела карточку и сказала:

— У тебя старомодный вкус. Прости, ничего не нахожу особенного.

Он ласково улыбнулся.

— Я же говорил, что фотография неудачная. Такие лица, знаешь, очень трудно передать.

И он спрятал бумажник в карман.

Они замолчали, но ему казалось, что он продолжает рассказывать, во всяком случае в мыслях разматывается упоительный клубок воспоминаний, и изредка он даже шевелил губами, смахивая воображаемый локон со своего левого плеча. Он видел солнце и море, и ее, в белом платье, с кружевным, круто выгнутым зонтиком. Она шла горделивой походкой мимо встречных мужчин, лорнетка играла у нее в руках, совсем, как полагается, и даже белый шпиц был тот же самый, чеховский. Ялта. Он встретил ее, будто соскользнувшую с грустной страницы рассказа, и подумал тогда, глядя ей вслед, что только муж тут лишний, высокий, смуглый военный, с несколько плоским лицом.

Потом плыл корабль по Черному морю, и не было места лечь, можно было только сидеть или стоять, — и так трое суток. Уже было два случая дизентерии, и воду давали раз в день, небольшую жестяную кружку каждому. Он отдал ей свою кружку на третий день плавания, и она, сделав несколько глотков, всыпала в воду какой-то душистый порошок, опустила туда розовые пальцы и сделала себе маникюр.

В бесконечных, трудных, сумбурных путешествиях оказывалось всегда, что в вагоне было всего одно незанятое купе, а в гостиницах — одна свободная комната. Он ехал сквозь всю Европу на откидной скамеечке в коридоре, а в городах спал в ваннах, или стелили ему в тупике какого-нибудь прохода. Но всегда бывал он выбрит и благоухал, и все было зашито на нем, а иногда он даже ей пришивал (левой рукой и без наперстка) какую-нибудь петельку к перчатке.

Как то само собой оказывалось, что деньги были у них общие, то есть он отдавал ей все, что зарабатывал, потому что считал себя у них «на пансионе». Когда не бывало прислуги (все чаще в последние годы) он приходил рано и готовил, очень вкусно и с веселым видом, так что Колобов просто в восторг приходил от его слоеных пирожков, а она говорила свое «недурно», которое тянула на «у», и от которого вся душа его переливалась через край счастья. В день ее рождения он вставал со светом и шел на край города, к цветочному рынку, и покупал, покупал столько, сколько мог унести с собой, и потом, как муравей, шел домой, таща голубую гортензию в горшке и белые гиацинты, и целый куст персидской сирени, и все ставил к дверям ее спальни и ждал, замирая, когда она проснется, и в этот день не шел на службу, а отрабатывал сверхурочные потом всю неделю.

Бывало, в квартире тихо и полутемно. В столовой Колобов считает цифры в толстой книге, она лежит у себя, ей нездоровится, ей кажется хочется плакать, жизнь как-то так сложилась, могло быть иначе... Он капает в рюмку лекарство, хочет бежать за доктором. Потом взбивает подушку, ставит лампу, читает ей вслух. Вот она засыпает, и он читает все тише, чтобы внезапной тишиной не разбудить ее, пока не наступает время и он тихонько дает ей в руку термометр и уходит за чаем, за апельсинным соком, чтобы все было у нее под рукой.

Ему не часто приходилось вот так думать, вспоминать и воображать в целом свою судьбу, и сейчас, изнемогая от сознания прошлого блаженства, он видел, что жизнь его никогда не могла быть другой, что лучшего он не хотел, что нет человека прекраснее, трогательнее и полнее прожившего свою жизнь, что вся эта жизнь была поклонением, радостью, и тайной.

Он оторвался от себя и взглянул на Аню. Она сидела за столом уставив на него большие черные глаза и кусала себе губу, перекосив лицо.

— Ты меня принимаешь за дуру, — сказала она, отпустив губу, — я удивляюсь мужу, который это терпит. Признаться, я удивляюсь и тебе. Где же они сейчас?

Он ответил нехотя:

— В гостинице, не далеко отсюда. Они ищут за городом меблированную квартиру. И тогда я перееду к ним.

Она подперла щеку рукой и почувствовала усталость, скуку, и еще что-то тоскливое, чему названия не было, но что

150

раздражало ее с самого начала его рассказа. Положительно, она больше не желала слушать об этой Колобовой, не молодой и не модной, имевшей двух мужчин. Она думала о Гребисе, ни разу не посмотревшем в ее сторону.

Он понял, что пора уйти. И он ушел легкой своей походкой, поблагодарил ее за обед, за родственный вечер, и на прощание сказал, что ему совсем не плохо у приятеля, у которого есть лишний диван, старого приятеля, бывшего товарища министра иностранных дел, сослуживца, а теперь повара.

На углу улицы, у входа в метро, несмотря на поздний час стоял продавец цветов, и Сергей Андреич купил у него пучок желтофиолей, растрепанных и, в общем, не нужных, ни ему самому, ни повару.

1940

* 9 781636 379074 *